古典文獻研究輯刊

十八編

潘美月・杜潔祥 主編

第 8 冊

《尚書》與《逸周書》比較研究

胡宏哲 著

國家圖書館出版品預行編目資料

《尚書》與《逸周書》比較研究／胡宏哲 著 — 初版 — 新北市：
花木蘭文化出版社，2014〔民 103〕
目 2+172 面；19×26 公分
（古典文獻研究輯刊 十八編；第 8 冊）
ISBN：978-986-322-616-1（精裝）

1. 書經　2. 逸周書　3. 比較研究

011.08　　　　　　　　　　　　　　　　　103001305

ISBN-978-986-322-616-1

9 789863 226161

古典文獻研究輯刊
十八編　第 八 冊　　　　　　　　ISBN：978-986-322-616-1

《尚書》與《逸周書》比較研究

作　　者　胡宏哲
主　　編　潘美月　杜潔祥
總 編 輯　杜潔祥
副總編輯　楊嘉樂
編　　輯　許郁翎
企劃出版　北京大學文化資源研究中心
出　　版　花木蘭文化出版社
社　　長　高小娟
聯絡地址　235 新北市中和區中安街七二號十三樓
　　　　　電話：02-2923-1455 ／傳真：02-2923-1452
網　　址　http://www.huamulan.tw 信箱 hml810518@gmail.com
印　　刷　普羅文化出版廣告事業
初　　版　2014 年 3 月
定　　價　十八編 22 冊（精裝）新台幣 40,000 元　　版權所有·請勿翻印

《尚書》與《逸周書》比較研究

胡宏哲　著

作者簡介

胡宏哲，女，一九八零年生人。二〇〇八年畢業於北京語言大學，文學博士，研究方向為先秦兩漢文學及文獻，就職於國家圖書館，發表《尚書與先秦早期儒家道統關係》、《清末民初新聞漫畫述略》、《閒話毛邊書》等文。

提　　要

　　《尚書》與《逸周書》是兩部重要的先秦典籍，二者之間存在著千絲萬縷的聯繫。對其中任何一部進行全面深入的研究，都無法繞開另外一部。兩部典籍中所記載的史料、所蘊含的思想，對先秦思想史、政治史等方面的研究來說，都是極為重要的。兩部典籍在思想內容、文體風格等方面的異同，對我們來說也非常重要。然歷年來研治《尚書》者固已不勝枚舉，即近年來研治《逸周書》者也與日俱增，卻始終沒有學者將這兩部關係異常密切的典籍放在一起進行比較研究。有鑒於此，本論文即選取《尚書》與《逸周書》的比較作為研究課題，對兩書在諸多方面的異同進行比較研究。

　　全文由六部分組成：緒論、第一、二、三、四章和結語。

　　緒論部分首先強調了對兩部典籍進行比較研究的意義，在對兩部典籍的研究現狀分別作出回顧與述評的基礎上，指出當前研究中的成績與不足，提出本論文所要解決的問題及進行研究的方法。

　　第一章對兩部典籍進行溯源。主要對兩部典籍的成書，以及兩書歷史上的重要問題進行分析和研究。本文認為《尚書》乃是經過孔子整理，用以教學的教本。這一點漢儒多有記載，本文在漢代典籍的相關內容的基礎上，對這一觀點進行論述。《尚書》學史中最為重要的問題之一就是梅賾所獻古文《尚書》是否為偽作。自宋代吳棫始獻疑以來，經過歷代學者，特別是清代學者閻若璩的考辨，晚出古文《尚書》為偽作幾成定論。然而，經過我們對閻若璩考辨方法的研究，認為閻氏的考辨存在許多漏洞和不合理之處，其結論有待商榷。故本文認為，不能輕易斷定古文《尚書》為偽作。歷代學者對《逸周書》的成書與性質向來眾說紛紜，未有定論。本文從先秦典籍稱引《逸周書》的情況入手，對其資料來源進行分析，認為其主體部分當為孔子刪書之餘的原始「書」篇，再混以西周時期的其他文獻編定而成，並從文體與內容兩方面考證其脫離《尚書》序列的原因。最後一部分對《逸周書》與汲塚的關係進行分析，從《晉書》、《顏氏家訓》等書的相關記載切入進行分析，最終得出二者並無關聯這一觀點。

　　第二章對兩部典籍所存的西周初年的重要史料進行分析研究。主要集中在兩方面，一是對兩書中的月相詞語進行分析，並在此基礎上排列出武王克商的行程。二是從兩書的相關篇章中對營建洛邑的記載進行分析，結合相關今文材料對營建洛邑的整個過程進行細緻的分析。並且對這一歷史事件中所體現的周公的建都理論進行闡述與分析。

　　第三章從歷史、政治、軍事三方面對兩書的思想進行比較研究。第一節對其中所蘊含的天命觀、史鑒觀以及聖王崇拜等觀念進行闡述與分析。第二節對政治權力的獲取與傳承的狀況進行分析，並詳細闡述了先秦時期的官人之法。第三節則對兩書中所記載的關於軍備與戰爭的內容進行係統梳理。

　　第四章對兩書在敘事時所採用的策略及所使用的修辭手法進行比較與分析。詳細分析和比較了對偶、頂真、以數為紀這三種辭格在兩書中的運用，並指出兩書在我國修辭學史上所產生的作用和影響。

　　結語部分是對全文的一個總結，說明對本課題進行研究的意義所在，並指出研究的不足和努力的方向。

目次

緒 論

一、論文研究的意義

　　《尚書》與《逸周書》是兩部重要的有著密切關聯的先秦典籍。從先秦典籍中論書、引書的情況看，兩書在其時呈現出糾葛不清的面貌。對這點，漢代學者有著較爲明確的認識。《漢書・藝文志》將《逸周書》列入《尚書》類，云「《周書》七十一篇」，顏師古注：「劉向云：『周時誥誓號令也，蓋孔子所論百篇之餘也。』今之存者四十五篇矣。」〔註1〕說明漢之學者對兩書之間的關係和《逸周書》的性質有一個基本的認定，即兩書本出同源，性質相類。但是這種認識在後世發生了變化，至《隋書・經籍志》將《逸周書》逐出了書類，列其爲雜史類。學者更多地將《逸周書》中的內容作爲上古史料來看待。也正是由於學者對於《逸周書》的這種定位，多年來專力研究《逸周書》的學者爲數不多，取得的成果也較爲有限。

　　就我們目前所掌握的情況來看，隨著簡帛文獻的不斷出土，《尚書》的研究成爲近年來學術界研究的一個熱點。各種研究文章不斷發表。然而，對古文《尚書》的眞僞等問題的研究尚不夠深入。另一方面，研究綜述表明，雖然近年來《逸周書》漸被學界重視，陸續出版了數部注釋類和研究類著作以及若干學術論文，但是相對來說，研究還是極不充分的（詳見研究綜述）。這和學術界長期以來對《逸周書》的價值認識不夠充分有很大的關係，因此，從根本上廓清兩書的關係，是非常有必要和有意義的，必將有助於我們對《逸

〔註1〕 《漢書》，《四部備要》，中華書局，1989年版。

周書》乃至先秦思想史的研究和認識。

2008 年 7 月，清華大學從香港文物市場搶救回一批戰國竹簡，竹簡包括殘片在內總數爲 2500 枚，是迄今爲止發現數量最多的一批戰國竹簡。其中《尚書》、《逸周書》篇目並存，由於此批竹簡爲戰國時期的寫本，因此它的出現對於《尚書》、《逸周書》的研究意義非常。清華簡出現之前，雖有一些文章及專著中的部分章節針對某些具體問題對《尚書》與《逸周書》進行了比對，但是尚未出現系統全面地對兩書進行比較研究的專著。新材料的出現，爲我們的研究提供了很多新的可勘比對的材料，使我們有可能在前人研究的基礎上更爲深入和系統地研究上述的這些問題。本書即試圖對《尚書》與《逸周書》之間的關係做一清理，並對兩書所體現出的核心思想與寫作手法等進行較爲深入的比較研究。選擇這樣一個題目作爲博士論文，其研究意義如下：

首先，《尚書》作爲六經之一，其重要性是不言而喻的，而《尚書》的今古文問題更是學術界長期未有定論之公案。在細緻深入地對傳世文獻進行考索的基礎上，進一步結合新出材料，對《尚書》的整理與傳承以及今古文問題進行研究，有益於深入我們對《尚書》的理解與研究，從而對進一步的研究有所促進。

其次，《逸周書》作爲重要的先秦典籍，長期以來未受到足夠的關注與研究。廓清其與《尚書》的關係，將有助於我們更爲準確地認識《逸周書》，從而促進對其的研究，這也必將有益於先秦思想史方面的深入研究。

第三，由於《尚書》與《逸周書》都和早期儒家有著密切的關係，所以，我們探求這兩部典籍的關係，並對它們所體現的思想內容和寫作特點等進行比較研究，也將有助於我們更深入地認識和研究儒家思想。

二、研究現狀綜述

《尚書》、《逸周書》作爲重要的先秦文獻，歷來不乏研究者。但兩相比較，由於這兩部典籍在學術史上地位的不同，故兩書的研究成果從深度與數量上來說都存在著較大的差別。而學術界對於兩者的研究雖有交叉之處，卻仍以獨立研究爲主。故此本書對兩者的研究狀況分而述之。

（一）《尚書》研究綜述

《尚書》作爲「六經」之一，又因經今古文問題，歷代均有眾多學者傾

力研究，研究著作汗牛充棟，此處不再贅述。此處僅就民國以來的研究狀況作一綜述。總體而言，上世紀 20～40 年代的《尚書》研究成果，以「疑古」爲最顯明的特徵。接下來的 50～70 年代的《尚書》研究經歷了一個相對沉寂的時期。有影響的著作與文章數量極少。自 80 年代來逐漸升溫，漸入高潮，尤其是近年來不斷出土的簡帛文獻更是促進了《尚書》的深入研究。大量研究《尚書》的著作和文章以及《尚書》譯注紛紛湧現。近二十年《尚書》研究更成爲學界研究的一大熱點。

據統計，自民國以來，出版的《尚書》新版本及研究專著有 70 餘部，發表學術論文 2000 餘篇，博士論文十餘篇。研究涉及到地理學、歷史學、金石學、語言學、文學等眾多學科。現將這些研究成果分爲文獻研究、思想研究、文學研究三方面，擇要綜述。

1、《尚書》的文獻研究

《尚書》的文獻研究包括對《尚書》的篇目、傳本、書序、今古文、逸文等問題進行的研究。而這些一直是《尚書》學史中的重要問題。故此這方面的研究成果眾多。

顧頡剛是上世紀進行《尚書》研究的學者中成果較豐、影響頗大的一位。顧頡剛爲疑古學派的核心人物之一。他的《尚書》研究工作自上世紀 30 年代開始，一直持續到上世紀 70 年代。幾十年間陸續發表了一系列《尚書》研究的著作。較爲重要的有：《祝融族諸國的興亡——周公東征史事考證四之六》（見《燕京學報》（八），北京大學出版社 2000 年版）；《〈堯典〉著作時代考》（見顧潮、顧洪編校：《中國現代學術經典·顧頡剛卷》，河北教育出版社 1996 年版）；《〈尚書〉歷代解釋選錄和補充》（見《文史》第四十九、五十輯，中華書局 1999、2000 年）以及收錄在《古史辨》中的一系列文章。

顧頡剛上世紀 20、30 年代的《尚書》研究以「疑古」爲顯著特徵，他認爲不僅古文《尚書》不可靠，即使 28 篇今文也非全部可信。顧氏將 28 篇分爲三組，第一組爲思想與文字均可信。第二組爲東周時所作。第三組則是戰國至秦漢間的僞作。而顧頡剛其後的《尚書》研究也基本按照這樣一個劃分思路進行。顧頡剛曾從地理、意義、文辭、制度、疆域等方面對《尚書》中《堯典》、《禹貢》等篇的年代進行考訂。1949 年後，顧頡剛對《尚書》中的許多篇章進行研究，其研究工作集校訂、考釋、訓詁、翻譯爲一體，產生了較大的影響。

　　此外顧頡剛還注重以《尚書》中的文獻為上古史料來對上古史實進行考訂，如《周公東征史實考證》，系統地研究鳥夷族，確定堯與陶唐的傳說之起源地的所在。

　　在文獻研究方面取得豐碩成果的還有陳夢家先生。陳夢家的《尚書通論》（1957 年）是《尚書》研究著作中非常重要的一部。《尚書通論》分為四部，對先秦引書、漢世傳本、《尚書》的篇目及書序、古文尚書及逸文等問題做了深入的研究，論證中能夠利用銅器銘文與簡冊資料，從文字、體例上進行研究。其所論全面而詳細，材料豐富，羅列清楚，從明、清以來學者所論的諸多問題中，清理出若干較為簡明的觀點，見解精到，至今仍有參考價值。

　　蔣善國的《尚書綜述》（1988）在《尚書》文獻研究的諸多問題上也取得了較為豐碩的成就。其書對《尚書》今古文的篇目、存亡，《尚書》的傳承、古文尚書的真偽等進行了縝密的考證。涵蓋頗廣，為作者多年治《書》的集大成之作。在《尚書》研究史上也佔有重要的地位。

　　劉起釪早年為顧頡剛研究《尚書》的助理，多年來專力研究《尚書》，先後有多部《尚書》研究的著作問世，分別為：《尚書學史》（1989 年）、《日本的〈尚書〉學與其文獻》（1991 年）、《〈尚書〉源流及傳本考》（1997 年）、《〈尚書〉研究要論》（2007 年）。在《尚書》的文獻研究上取得了豐碩的成果。

　　《尚書學史》一書立足於學術史，從宏觀上系統梳理和闡述了《尚書》學的流變遞嬗之跡，對其歷史演進情況詳加考索。在前人研究的基礎上，對版本、篇目、傳承等尚書研究史中的重要問題都提出了自己的觀點。內容翔實，材料豐富。而《〈尚書〉源流及傳本考》一書則側重考察《尚書》版本流傳以及今古文問題。對許多歷史上未有定論的問題進行清理和分析，特別針對複雜的版本問題進行了較為全面系統的整理和研究。是目前研究《尚書》源流及傳本的較為權威的一本著作。《日本的〈尚書〉學與其文獻》分為上下兩編。上編敘述《尚書》在日本的傳習以及研究現狀。下編則對保存在日本的《尚書》各寫本、刊本以及日本學者的研究著作的作者、版本及主要內容進行了介紹。這幾部著作對《尚書》文獻研究中的諸多問題都進行了深入的分析，資料詳贍，論證充分，論點明晰。

　　除以上綜合性的著作外，還有許多單篇的論文對《尚書》文獻研究中的某些具體問題進行探討。其中《尚書》中文獻的寫成年代與今古文問題是最受關注的兩個問題。

　　《尙書》中各個篇章的具體寫成年代一直以來都是學界爭論研究的熱點與難題之一。研究文章較多，如殷偉仁的《試述〈尙書·湯誓〉的成文與在先秦時期的流傳》（《江蘇大學學報》1985 年 3 月）等。近年來由於大量古文字材料不斷出現，特別是馬王堆帛書和郭店楚簡的重見天日。爲學者提供了新的研究材料，本世紀以來多有學者致力於此。出現了一批質量較高的學術研究文章。李學勤先生在《簡帛佚籍與學術史》（江西教育出版社 2001 年 9 月版）一書中論述「竹簡《家語》與漢魏孔氏家學」一節時提到《孔傳》古文《尙書》問題，他認爲「從學術史的角度深入研究孔氏家學，對於《尙書》源流疑義研究很有意義」。

　　廖名春教授相繼發表了《郭店楚簡「緇衣」引〈書〉考》（《西北大學學報》2000 年 2 月）、《從郭店楚簡和馬王堆帛書論「晚書」的眞僞》（《北方論叢》2001 年 1 月）、《郭店楚簡「成之聞之」「唐虞之道」篇與〈尙書〉》（《中國史研究》1999 年 9 月）等論文。文中他對郭店楚簡中諸簡引「書」的文字與傳世文獻（主要是今本《禮記》和所謂「晚書」）引「書」的文字進行了比對和訓釋。認爲「晚書」《君牙》、《君陳》當係後出，並對先秦《書》的版本情況提出了自己的看法，認爲《逸周書》在先秦本屬《尙書》這一系統。

　　晁福林教授的《郭店楚簡〈緇衣〉與〈尙書·呂刑〉》（《史學史研究》2002 年 2 月）根據簡文中所引《尙書·呂刑》條目與今本《尙書》相對照，通過對異文的研究，對關鍵字的訓釋，認爲今本《呂刑》的寫成當在郭店簡之後，很可能是戰國後期才最終完成。

　　周書燦、張洪生的《〈禹貢〉研究概論》（《河北師範大學學報》2001 年 2 月）則對自宋以來的《禹貢》研究進行了回顧。對《禹貢》的製作年代、作者和產生地域、《禹貢》具體內容的考證都進行了總結。這樣的綜述性文章對於我們清楚認識和把握《禹貢》研究的現狀都大有益處，也有益於將來研究的開展。

　　陳蒲清的《〈尙書·洪範〉作於周朝初年考》（《湖南師範大學社會科學學報》2003 年 1 月），分析了《尙書》的流傳歷史、《洪範》的語言特點、思想史發展軌迹和「卜」、「筮」地位的變遷，從這四方面的論證得出結論，認爲《洪範》確爲周初史官對箕子講話的筆錄，並非後代作品。

　　1996 年遼寧古籍出版社出版的金景芳、呂紹剛所著《〈尙書·虞夏書〉新解》一書是近年來《尙書》注釋和研究等方面一部非常重要的著作。此書對

《堯典》、《皋陶謨》、《禹貢》、《甘誓》這四篇在很長時間被認定為晚出之作的文獻進行了新的詮解。每篇均有「序說」和「新解」，論證其寫成年代，對認為《虞夏書》晚出的傳統觀點提出了質疑。

《尚書》的今古文問題一直是學界聚訟不已的難題。清代學者一系列辨偽著作的問世，影響頗大。古文《尚書》晚出幾成定論。然而郭店楚簡等材料的出土，為我們研究這一難題提供了新的契機。目前，已有學者開始以更審慎而客觀的態度考察古文《尚書》的真偽問題。

前文曾提及廖名春教授在其文章中認為「晚書」《君牙》、《君陳》當係後出。這代表了目前大多數學者的共識。但亦有部分學者持不同見解。

楊善群先生即認為古文《尚書》不偽。他發表了多篇論文闡述自己的觀點，如：《古文〈尚書〉流傳過程探討》（《學習與探索》2003 年 4 月）、《古文〈尚書〉與舊籍引語的比較研究》（《齊魯學刊》2003 年 5 月）等。文章中楊善群先生對歷代史傳所存古文《尚書》的傳習過程進行了鉤沈考證，並通過對先秦典籍的引書情況的分析來闡明自己的觀點。另有鄭傑文的《〈墨子〉引書與歷代〈尚書〉傳本之比較——兼議「偽古文〈尚書〉」不偽》（《孔子研究》2006 年 1 月）等文章亦持此觀點。

2005 年初，張岩在國學網首頁發佈 6 萬餘字長篇論文《閻若璩〈疏證〉偽證考——清代考據學存在多大問題的一次檢驗》（下文簡稱《偽證考》）。該文是迄今為止這個方面最有分量的專題研究。其結論是閻氏關於「偽書」的「指控」不成立。張岩又於同年 3 月 15 日在《光明日報·理論周刊》發表《現代信息技術與傳統國學研究——以檢驗閻若璩古文〈尚書〉證偽為例》，對其研究成果和方法作出具體說明。

2006 年 12 月張岩將其關於閻若璩之考證所作的一系列研究集結成書，由中華書局出版，書名為《審核古文〈尚書〉案》。該書是對閻若璩《疏證》舉證和論證的一次全面甄別，涉及歷代古文《尚書》研究中的幾乎全部主要問題。張岩充分借鑒了現代法學中的證據學（證據審查）方法，並利用計算機技術對今古文《尚書》中的文字進行字頻統計，並將其與其他先秦典籍的情況進行比對，採用了比以往更加嚴密的邏輯學審核標準，通過深入細微的分析和大量相反證據的提出，得出了最終結論，即閻若璩對古文《尚書》進行證偽的論證是在「有罪推定」的前提下進行的，其證據並不屬實，結論也不能取信於人。

對於清代圍繞晚出古文《尚書》進行的辨僞工作進行專題研究的還有吳通福的《晚出〈古文尚書〉公案與清代學術》一書〔註2〕。此書對清代的閻毛之爭進行了系統的清理，並分別對閻毛二人的考辨工作進行了檢討與衡定。同時對清初的經典考辨與反理學及其與乾嘉學術總體特徵之間的關聯進行了分析。此書能夠幫助我們對於這一公案有更爲系統和全面的認識。

臺灣亦有學者對清代的辨僞之學進行了較爲深入的研究，較具代表性的著作有許華鋒、吳銘能的專著《閻若璩〈尚書古文疏證〉的辨僞方法》（臺北花木蘭文化工作坊，2006 年）。

目前有部分學者認爲今本的古文《尚書》乃是漢人的輯佚本，例如離揚發表在國學網的國學論壇中的《〈尚書〉輯佚辯證》一文，從作僞者的視角切入，對古文《尚書》進行審視，最終得出古文《尚書》並非僞作，而是孔安國從殘簡中整理出來的輯佚之作。此文研究視角新穎，觀點可備一說。〔註3〕

2、《尚書》的思想研究

《尚書》是中國思想文化發展的重要源頭，《尚書》的思想研究一直是學界很重視的一個領域，故研究成果眾多。這方面的文章大致分爲以下幾類：

哲學思想研究，如：金景芳先生的《西周在哲學上的兩大貢獻——〈周易〉「陰陽說」和〈洪範〉「五行說」》（《哲學研究》1979 年 6 月）。

政治倫理思想研究，如：趙忠文的《從〈尚書〉看殷周兩代「敬德」觀念的演變》（《中國哲學史研究》1986 年 2 月）、梁韋弦的《簡論周公「敬德」「保民」「永命」的統治思想體系》（《東北師大學報》1986 年 3 月），梁鳳榮的《論〈尚書〉中的德政範式》（《遼寧大學學報》2006 年 3 月），《從〈尚書·虞夏書〉的「德治」到〈論語〉的「成於樂」》（《雲南社會科學》2006 年 4 月）等。

古代法律思想研究，如薛其輝的《〈尚書·堯典〉法律思想辨析——試論中國法律思想起源》（《學術月刊》1984 年 8 月）、宋紹光的《兼論〈尚書〉中的法治思想》（《上海社科院學術季刊》1991 年 3 月）等。

在以上所論及的思想研究各方面中，以政治倫理思想和法律思想的研究最爲深入和全面。其他諸如軍事思想等亦有人進行過研究，但數量不多，在此不再贅述。

〔註2〕吳通福：《晚出〈古文尚書〉公案與清代學術》，上海古籍出版社，2007 年版。
〔註3〕離揚：《〈尚書〉輯佚辯證》，見於 http://bbs.guoxue.com/archiver/?tid-258467.html。

　　思想研究方面的專著較有代表性的有游喚民的《〈尚書〉思想研究》（2001年湖南教育出版社）一書，此書共分三章，第一章和第二章分別從哲學思想和政治倫理思想兩方面切入，深入研究了《尚書》所蘊含的豐富哲理，如「中庸」思想，民本思想，禮治思想等。並在此基礎上，進一步闡明《尚書》中的思想對後代的深刻影響，從而揭示出中國傳統思想發展的脈絡。

　　金景芳、呂紹剛所著《〈尚書‧虞夏書〉新解》一書針對《堯典》、《皋陶謨》、《禹貢》、《甘誓》中所蘊含的思想進行了細緻的分析，同時對先秦思想史進行了細緻的梳理。

　　此外《尚書》與其他思想流派之間的關係也受到學者的關注。出現了一批關注這方面問題的學術論文，如孫以楷、解光宇的《老子與〈尚書〉》（《復旦學報》1996 年 6 月），文章認為《尚書》「洪範」等篇中的「德」的範疇被老子所承繼下來，諸如「不爭」、「忍」、「柔」、「謙下」等都構成了老子倫理政治學說的基本內容。他們提出老子在《尚書》「重積德」、「含德」的基礎上提出了「孔德」、「常德」，以此為中介，進而提出了具有普遍意義的「玄德」。同時文章還認為《尚書》中的「道」的範疇也被老子也繼承下來，並把它上昇為宇宙本源和自然法則；薛柏成的《論〈尚書‧洪範〉與墨家政治思想》（《吉林師範大學學報》2005 年 1 月）一文通過對《墨子》一書中引《書》內容的分析與關鍵詞語的訓釋等後，認為墨家政治思想受到了《尚書》有關思想的影響。

3、《尚書》的語言學及文學研究

　　《尚書》歷來以文字古奧難讀而著稱，故對其語言文字進行專門研究也是《尚書》研究中重要的一方面。近年《尚書》的語言學研究有了很大的發展，發表的學術論文計有四十餘篇（詳見資料索引）。內容涉及《尚書》的語法規律、句式、關鍵字如「弗」、「之」等方面的研究。

　　其中研究成果比較突出的是錢宗武先生。錢宗武先生發表此類學術論文數十篇，如《論〈尚書〉重言詞中的語義關係》（《鹽城師範學院學報》2006年 3 月）、《論〈尚書〉連詞的特點及其詞性界定》（《徐州師範大學學報》2003年 4 月）等。其出版於 1996 年的《今文尚書語言研究》是對今文《尚書》語言進行系統研究的第一部著作。此書從《尚書》的語料價值、語言、文字、語法等諸多方面進行了深入的研究。資料佔有詳盡，並運用定量分析和對比研究的方法進行分析、歸納和總結。

　　《尚書》作爲我國第一部散文集，使用了大量的修辭手法，使這部上古典籍顯出了一定的文學色彩。這一點也受到了學者的高度重視。發表了一系列的對《尚書》的修辭進行研究的文章。如盧一飛的《今文〈尚書〉中的修辭手法》（《皖西學院學報》2007 年 2 月），對今文《尚書》中使用的比喻、排比、引用、頂針、對偶這五種辭格進行了羅列和簡要的分析；何淩風的《〈尚書〉對偶藝術淺析》（《牡丹江師範學院學報》2000 年 4 月）則是針對「對偶」這一種辭格進行分析；而劉本臣的《論〈尚書〉的修辭學價值》（《錦州師範學院學報》1995 年 4 月）所關注的則是《尚書》在我國的修辭學發展史上所具有重要的意義與價值，他認爲這種價值主要體現在三方面：圓熟的修辭技巧是《尚書》爲修辭學作出的開創性貢獻；文化啓迪是《尚書》修辭學價值的深層意蘊；而《尚書》中豐富多彩的修辭手段爲解釋先秦修辭理論的成因提供了第一手的材料，史的延伸，成爲《尚書》修辭學價值的第三方面的體現。

　　文體學研究也是《尚書》研究中較爲重要的一個課題。這方面的研究文章大致可分爲兩類：

　　一、對《尚書》文體進行總體性把握，如陳贇的《〈尚書〉十體的文體學價值》（《湖南社會科學》2007 年 3 月），于雪棠的《〈尚書〉文體分類及行爲與文本的關係》（《北方論叢》2006 年 2 月）等。此類文章從文體學視角切入《尚書》的研究，考察《尚書》中各類文體的形成及其基本內涵，並探索這些文體對古代文體學的影響，揭示出《尚書》的文體學價值，藉此豐富對《尚書》文學史地位的認識。

　　二、對《尚書》文體與後世某種具體文體間的關係進行考察，如王恒展的《〈尚書〉與中國小說》（《山東師大學報》2000 年 3 月），此文認爲《尚書》中的《商書》、《周書》的許多方面蘊含著相當多的小說文體的因素，對後世的小說這一文體產生了非常大的影響。

（二）《逸周書》研究綜述

　　《逸周書》是我國重要的典籍之一，書中記述的史事，如唐劉知幾所說，上自文、武，下終靈、景，相當豐富。在先秦其他典籍如《左傳》中，春秋戰國時人常徵引現存《逸周書》中的一些篇章，稱之爲《書》、《周書》或《周志》，同後來稱作《尚書》的諸篇往往不加區別。漢代學者對此書有著比較明晰的認識。其書被《漢書·藝文志》列爲《尚書》類，題爲《周書》，注爲「周

史記」，列於《六藝略》中《尚書》諸家之後。但至後代被收入別史類，排斥在儒學文獻之外，與經部的《尚書》幾乎完全被隔離開來。長期以來，其文獻價值未能得到充分的肯定和認識，以致歷代研治者不多，傳承過程中殘佚情況又比較嚴重。縱覽歷代，自晉代孔晁首以注經方式爲其做注始，歷代間或有學者校刻此書，但全面的整理和注釋工作卻直至清代盧文弨、陳逢衡、丁宗洛、朱右曾諸學者才眞正得以開展，並取得了相當的成就。本書先就歷代較有影響的幾部校本、注釋本作一簡明的評介。

魏末晉初的孔晁是第一位以注經方式爲《逸周書》做注的學者。其注本的脫佚情況比較嚴重。今本《逸周書》中存有孔注的計 42 篇，沒有序言之類文字。其注釋也非常簡單，基本上都是對某些字次或語句的解釋。偶有申說大義，也極爲簡明。或許因爲孔晁所見《逸周書》之文字與今本在文字上有一定差異，故其注文有一部分相當難以理解，脫佚情況較爲嚴重。孔晁的注釋因屬開創之工作，粗疏與不完備在所難免。但作爲首位系統注釋《逸周書》的學者，其篳路藍縷之功實不容忽視。

清人盧文弨是我們目前所能見到的第一位對今本《逸周書》進行全面校理的學者。其積數年之功而成的抱經堂刻校正本《逸周書》，鳩集元代以下的十九家校注本，對多個版本的《逸周書》進行了比照，並在此基礎上，博采眾說，對《逸周書》在傳承過程中所造成的部分脫衍訛誤之處進行了改定，並對其中存在的脫文進行校補。其校補或採擷各家中最合理的見解，或自己依文理辭氣而定，多有精彩之處。出於校補的需要，盧氏之書亦有對關鍵字詞進行注釋之處。盧氏此本有一個非常突出的優點，即不妄改原文，遇有爭議無可定奪之處均以校語的形式進行標注和說明。這種審慎的態度是值得充分肯定的。其校本是目前研究《逸周書》的學者所廣泛采用的一個本子。可以說，盧文弨對《逸周書》的整理研究是有很大貢獻的。

陳逢衡《逸周書補注》的注釋工作是在盧本的基礎上進行的。陳氏長於義理，因此其注釋偏重於義理闡發而少訓詁。陳氏注本以分析詞句含義爲主，後廣舉旁證加以申說。這種注釋方式有助於我們對於原文內容的深入理解和思考。但是也正因爲這樣，其所論難免偶有主觀附會之弊。另陳氏此書卷首有《續略》、《集說》，用以敘說各篇主旨和評介歷代學者論《逸周書》之語，並在卷末收錄有逸文。這種資料輯佚的工作是十分有意義的。應該說，陳氏之書是我們研究《逸周書》思想內容時很有參考價值的一個注本。

　　朱右曾《逸周書集訓校釋》是歷來頗受好評的一個釋本。朱氏精於訓詁，幾乎對每一句都逐字逐詞進行了訓釋，且解釋時常將丁宗洛、盧文弨等人較爲精到的注釋一併列入，並對生僻字進行了注音。其注釋平實精到，是研究《逸周書》所必備的一部參考書。但值得注意的是，朱氏之本除注釋外還有校補，相對於盧文弨本而言，朱氏之本對原文的更正改動稍多，往往徑自改動原文，故閱讀朱氏此書時需與別本參照，特加留意。

　　除以上所述幾個版本外，丁宗洛的《逸周書管箋》、唐大沛的《逸周書分編句釋》、孫詒讓的《周書斠補》等也均是很有影響的著作，在此就不一一詳述。

　　近現代以來，部分學者以敏銳的眼光注意到《逸周書》所具有的重要價值，開始從不同角度對其進行研究。漸有研究之文章見諸各學術刊物。

　　清末至民國這一階段發表的《逸周書》研究論文計有二十篇（詳見資料所引）。這部分論文多以單篇校注或歷史問題爲主。而 1949 年～1980 年間的學術成果主要集中在臺灣。如屈萬里的《讀周書·世俘篇》（載《慶祝李濟先生七十歲論文集》上冊，臺北：清華學報社 1965 年）、陳槃的《逸周書「冬凍其葆」義》（臺灣《大陸雜誌》1968 年第 37 卷第 11～12 期）、黃沛榮的《周書研究》（臺灣大學 1976 年博士論文）等。其中黃沛榮先生的博士論文《周書研究》從辭氣和內容兩方面對《逸周書》進行了比較系統的研究，確定其中三十二篇爲主體，而創作時代當在戰國，黃先生的論文材料豐富論證嚴密。是新時期中較早對《逸周書》進行系統研究的博士論文，在國內外都有一定的影響。而在此期間大陸僅顧頡剛先生的《逸周書世俘篇校注》（《文史》1963 年 2 月）這一篇文章發表。

　　1980 年以後，研究者和發表的學術文章漸多，至今計有 60 餘篇。研究專著有黃懷信的《逸周書源流考辨》（西北大學出版社 1992 年）、《逸周書彙校集注》（上海古籍出版社 1995 年）、《逸周書校補注釋》（西北大學出版社 1996）；羅家湘的《逸周書研究》（上海古籍出版社 2006 年）、周玉秀的《逸周書的語言特點及其文獻學價值》（中華書局 2005 年）。其中後兩部分別爲 2002 年和 2004 年的博士論文。

　　黃懷信先生近年來集中精力研治《逸周書》，成果頗豐。其《逸周書源流考辨》一書對《逸周書》各篇的寫作時代、成書時間、流傳過程、與汲冢書的關係和歷代的整理研究都做了研究。其所作的兩本注釋中《校補注釋》較

為簡單，《彙校集注》影響較大。黃懷信先生的研究對於《逸周書》的研究有很大貢獻，對普及該書也起到了很大作用。但是書中的部分觀點值得商榷，如對《逸周書》與汲冢書關係的認定，部分篇章寫作時間的判斷等。

羅家湘的《逸周書研究》是一部對《逸周書》進行綜合性研究的著作。全書對《逸周書》進行了分類，對每類作品的寫成時間及特點都做了比較細緻的考察和分析。並聯繫古代文獻的版本流傳情況從目錄學的角度對《逸周書》的成書過程進行了考察。對每類作品的思想內容如文學思想、政治思想、軍事思想等也做了較為細緻的分析與概括。在判斷寫成時代的時候，作者能夠充分結合出土文獻和金文材料，故往往有自己獨特的觀點。這種綜合性研究是很有價值的。但是這部書對文本的分析比較薄弱，因是綜合性研究，故有些方面論述的寬泛有餘而深入不足。

周玉秀的《逸周書的語言特點及其文獻學價值》著重從語言學方面對《逸周書》進行研究。運用歷史語言學對古代文獻進行分析和研究，這是非常值得借鑒的。論文主要從語法、韻語、修辭三方面進行研究，研究過程中注重與同時期文獻的語言特點相比較，並運用了語言研究的統計法、分佈理論等方法，充分挖掘出《逸周書》的文獻價值，並由此對《逸周書》的成書情況和部分篇章的寫成及傳承情況得出了自己的結論。此書是一部近年來發表的質量較高的《逸周書》研究論著。

除以上所論專著外，近年來發表的60餘篇學術論文也從不同方面對《逸周書》進行了研究。

李學勤先生自上世紀80年代起陸續發表了《世俘篇研究》（《史學月刊》1988年2月）、《祭公謀父及其德論》（《齊魯學刊》1988年3月）、《稱篇與周祝》（《道家文化研究》第三輯上海古籍出版社1993年）、《尚書與逸周書中的月相》（《中國文化研究》1998年2月）、《師詢簋與〈祭公〉》（《古文字研究》第22輯中華書局2000年）等。

李學勤先生結合地下出土資料與金文材料對《祭公》、《商誓》、《嘗麥》等篇進行了深入的研究，對其中的關鍵字句進行訓釋與比較研究，由此判斷出《逸周書》大部分篇章的寫成時代，認為《世俘》、《商誓》、《皇門》、《芮良夫》等篇均為可信的西周作品，而其他如《克殷》、《度邑》也應出於西周時代，只是有的可能經過春秋時人的增改。充分挖掘和肯定了《逸周書》的文獻價值和史料價值。

　　正因《逸周書》的史料價值漸被肯定與重視，所以近年出現了一些基於《逸周書》研究的史學方面的論文。如葉正渤的《逸周書與武王克商日程、年代研究》（《南京社會科學》2001 年 8 月）、黃懷信的《有武成、世俘與利簋看武王伐紂之年》（《西北大學學報》1999 年 8 月）等。這類文章以《逸周書》中內容爲上古史料，對此進行研究，以考訂上古史實，取得了相當好的成果。

　　另有部分學者對《逸周書》的源流問題進行考察，如劉駿男的《古文尚書與逸周書源流考——兼與劉起釪先生商榷》（《山東師範大學學報》2003 年 2 月）從先秦引書等情況對《尚書》與《逸周書》在先秦的版本情況做了清理，認爲古文《尚書》百篇未失，保存在不同的典籍之中，而《逸周書》應屬於古文《尚書》。李紹平的《逸周書考辨四題》（《湖南師範大學學報》2001 年 5 月）則對歷史上《逸周書》與汲冢書的關係等問題進行了梳理。

　　吳顯慶的《論逸周書中的政治辯證法思想》（《上饒師範學院學報》2002 年 4 月）、楊朝明的《從〈逸周書・度訓〉等篇到郭店楚簡〈性自命出〉》（載《儒家文獻與早期儒學研究》齊魯書社 2002 年）等論文則是對《逸周書》的思想進行研究。而譚家健先生 1991 年發表在《文史哲》上的《逸周書與先秦文學》則從文學語言風格的角度進行探討。認爲《逸周書》的創作時間上起西周初年，下止戰國末期，因而它的文章表現出先秦書面語言各個時期的不同特徵。

　　以上諸家的研究，無疑爲我們深入認識《逸周書》，進而探求它所反映的古代社會各個方面的情況提供了直接的幫助，是值得充分肯定和利用的。但也應看到相對其他先秦典籍而言，學界對《逸周書》的研究仍很不足，有待深入。

（三）清華簡與《尚書》與《逸周書》研究

　　清華簡的出現，是近幾年來《尚書》與《逸周書》研究的熱點。其中相關簡文的出現，爲我們解決兩書研究中的若干關鍵問題提供了可堪利用的新材料。圍繞清華簡，學者對於《尚書》的傳流、周初史實考證、古文《尚書》眞僞問題等論題進行了更深入的探究，如廖名春《清華簡與〈尚書〉研究》、楊善群《清華簡〈尹誥〉引發古文〈尚書〉眞僞之爭》、杜勇《清華簡〈金縢〉有關歷史問題考論》、楊振紅《從清華簡〈金縢〉看〈尚書〉的傳流及周公歷史記載的演變》等，相關論文總量近兩百篇，從不同角度拓展和深入了對於兩部典籍的研究。

　　《尚書》與《逸周書》是兩部有著千絲萬縷聯繫的重要的先秦典籍。綜合以上我們所總結的《尚書》與《逸周書》的研究現狀能夠看出，對於這兩部先秦典籍，前人的研究成果都是比較豐碩的。但是，就目前掌握的研究現狀看，清華簡出現之前，將兩部書放在一起進行系統比較研究的專著卻仍然是空白，個別專著的某些篇章或有涉及，大多是在探討《尚書》逸文情況時簡單列舉。多年來學界所發表的學術論文中僅有不足十篇在探討問題時將兩書放在一起進行研究，而對其淵源進行追溯、對其文本異同進行細緻考察的文章幾乎仍然是空白，這一方面表明了兩書之間所存在的不可抹殺的關聯，另一方面又可看出研究的不充分。清華簡的出現，促進了兩部典籍的系統比較研究，越來越多的學者開始注意兩者之間的關係，出現了一批這方面的論文，如李學勤《清華簡與〈尚書〉、〈逸周書〉的研究》、劉光勝《清華簡與先秦〈書〉經傳流》等。但其中尚有若干關鍵問題未有定論，有待我們的深入研究與探討。

三、研究方法與解決的問題

　　本書致力於解決的問題是：

　　一、《尚書》與《逸周書》的編輯成書與版本問題，並對古文《尚書》的眞偽問題作一判定。在這部分的研究中，以文獻研究爲基礎，注重材料分析和考證。

　　二、《尚書》與《逸周書》的關係問題。我們將對傳世文獻和出土文獻進行鉤沈，爭取盡可能全面佔有材料，在此基礎上，深入分析，力圖肅清兩書的源流以及《逸周書》不入今本《尚書》之原因。

　　三、對《尚書》和《逸周書》的思想內容及寫作風格等方面進行比較，找出其中異同以及對後世的影響。這部分將運用語言研究的統計法進行總體的概括，並以對典型例證的分析來進行論證。

第一章 《尚書》與《逸周書》溯源

第一節 《尚書》與古文《尚書》

一、孔子與《尚書》之關係

　　《尚書》最初稱《書》，是我國最早的一部歷史文獻。作爲「六經」之一，《書》與孔子有著密不可分的聯繫。對於兩者之間的關係，自漢代以來，學者所持觀點基本一致，即《尚書》曾經經過孔子的整理。長期以來未有學者對這一觀點提出異議。然而至上世紀二、三十年代疑古思潮興起，在這一思潮的影響下，有些學者對傳統觀點提出了質疑，甚而至於完全否定了孔子與《尚書》的關聯。但目前看來，疑古學派的觀點已不足一辯，孔子與包括《尚書》在內的「六經」之間的關係，或許遠比之前我們所認爲的更爲緊密。對此我們將進行分析。

　　首先我們認爲，孔子長於六經，整理過六經，在先秦及漢代基本是一種共識。這在先秦典籍中是可以找到佐證的。作爲先秦道家的代表人物，莊子對於儒家代表人物和儒家經典都極爲熟稔。在其著作中曾多次論及孔子及六經，《莊子‧天運》篇曰：「孔子謂老聃曰：「丘治《詩》、《書》、《禮》、《樂》、《易》、《春秋》六經，自以爲久矣，孰知其故矣，以奸者七十二君，論先王之道而明周、召之迹，一君無所鈎用。甚矣！夫人之難說也？道之難明邪？」老子曰：「幸矣，子之不遇治世之君！夫六經，先王之陳迹也，豈其所以迹哉！……」。《莊子‧天下》：「其明而在數度者，舊法、世傳之史尚多有之；

其在於《詩》、《書》、《禮》、《樂》者，鄒魯之士、縉紳先生多能明之。《詩》以道志，《書》以道事，《禮》以道行，《樂》以道和，《易》以道陰陽，《春秋》以道名分。其數散於天下而設於中國者，百家之學時或稱而道之。」〔註1〕

以上兩段引文，所表達的意義層次相當豐富。首先，先秦時期，《詩》、《書》、《禮》、《樂》、《易》、《春秋》六部經典已連言並舉而稱「六經」；其次，孔子對六經進行過整理；第三，六經當時為眾多學派與學者所掌握，時有稱引；最後，各學派研治六經，觀點不盡相同，儒家視之為先王之道的載體，道家則視之為先王之陳迹。

對於《莊子》一書，曾有學者以為其「外篇」與「雜篇」成書時間在秦以後，甚而晚至漢代，因此質疑其書所述內容的可信性。錢穆先生即認為，孔子之學在六藝，儒家六經之說，至漢初劉安董仲舒司馬遷之徒始言之。孔子之門，既無六經之學，諸弟子亦無分經相傳之事。錢穆先生之所以如此認為，即因其認為孔子整理六經之舉，甚而六經一詞在先秦文獻中無徵。而事實上，近年來張家山漢簡、阜陽漢簡等的出現則向我們證明了《莊子》一書的成書年代當距離莊子活動的時間不遠；復有郭店楚簡中《六德》篇的出現為《莊子·天運》篇所言六經成於先秦之語提供了佐證，足證《莊子》一書的可信程度未可輕易否定。對於此，有學者已有較為詳細的論述，此不贅述。〔註2〕因而我們今天看來，孔子對《尚書》進行過整理，未可輕易否認。

經孔子整理後的六經，成為孔門重要的教科書。孔子之前，未有經名。「六經」者，乃孔子用以教萬世者。《禮記·經解》云：「孔子曰：入其國，其教可知也：溫柔敦厚，《詩》教也；疏通知遠，《書》教也；廣博易良，《樂》教也；潔淨精微，《易》教也；恭儉莊敬，《禮》教也；屬辭比事，《春秋》教也。」〔註3〕可見《書》為孔子用來授徒的最為重要的教本之一，是孔子思想中不可或缺的一環。這一點許多典籍都有所記載，例如：

《史記·孔子世家》：「孔子以《詩》、《書》、禮、樂教，弟子蓋三千焉，身通六藝者七十有二人。」〔註4〕

《孔子家語·弟子行》：「衛將軍文子問於子貢曰：『吾聞孔子

〔註1〕 《莊子》（影印本），上海古籍出版社，1989年3月。
〔註2〕 《清華簡與先秦書經傳流》，劉光勝，《史學集刊》2012年第一期。
〔註3〕 《禮記注疏》，《文淵閣四庫全書》影印本，臺灣商務印書館，第116冊，第309頁。
〔註4〕 《史記》，中華書局，1959年版，第1938頁。

之施教也，先之以《詩》、《書》。』」〔註5〕

　　　　《韓詩外傳》：「孔子困於陳、蔡之間，即三經之席，七日不食，

　　藜羹不糝，弟子有饑色，讀《詩》、《書》習禮樂不休。」〔註6〕

從以上所引典籍之記載我們可以看出，《尚書》在孔子的日常教學和政治實踐

中無疑佔有重要的位置。

　　對於孔子與《尚書》之間的關係，漢代較有代表性的說法有以下幾個：

　　　　《史記・孔子世家》：「孔子之時，周室微而禮樂廢，《詩》、《書》

　　缺。追記三代之禮，序《書》傳，上紀唐虞之際，下至秦繆，編次

　　其事。……故《書》傳、《禮》記自孔氏。」〔註7〕

　　　　《漢書・藝文志》：「《書》之所起遠矣，至孔子纂焉。上斷於

　　堯，下迄於秦，凡百篇而為之序，言其作意。」〔註8〕

上述引文中所提及的以下幾種說法需要我們注意：（一）孔子之時，《書》存

在著殘損缺失之現象。（二）孔子曾為《書》作序。（三）孔子對《書》進行

了上下限的斷代，予以編次。對於這幾種說法，我們將一一進行分析。

　　孔子之時的《尚書》是否果如太史公所言存在殘損缺失的情況，我們無

法在先秦典籍中直接得到答案。但是，我們可以通過對典籍中的相關記載進

行分析，從而得出一個較為準確的答案。

　　首先可以確定的是，作為對三代統治者在政治活動中的講話、文誥的記

錄，三代之時所記錄保存下來的「書」篇數量應該是非常多的。這是因為我

國的史官制度很早就相當發達，「君舉必書」是當時史官們的主要職能之一。

商、周近千年的歷史，史官對統治者進行的各種活動、發出的各種誥令都一

一記錄，故此「書」的數量應該是非常巨大的。這一點我們在先秦典籍的記

載中可以得到印證。夏代的史籍狀況，由於史料有關，我們無從得知。商代

的情況卻可考知，《尚書・多士》：「惟爾知，惟殷先人，有冊有典」；〔註9〕《逸

周書・小開武》：「余聞在昔，訓典中規，非使罔有恪言，日正余不足」；《逸

〔註5〕　《孔子家語》，《文淵閣四庫全書》影印本，臺灣商務印書館，第 659 冊，第
　　　　 28 頁。

〔註6〕　《韓詩外傳》，《文淵閣四庫全書》影印本，臺灣商務印書館，第 89 冊，第 829
　　　　 頁。

〔註7〕　《史記》，中華書局，1959 年版。

〔註8〕　《漢書》，《四部備要》，中華書局，1989 年版。

〔註9〕　《尚書注疏》，《文淵閣四庫全書》影印本，臺灣商務印書館。

周書‧世俘》:「古朕聞文考修商人典」。〔註10〕《墨子‧貴義》:「昔者周公旦朝讀《書》百篇」,〔註11〕這些記載都說明有大量的商代典籍被保存下來。周因於殷禮,周代所保存的「書」篇數量自然眾多。

然而,觀乎現今所存之《尚書》,其「書」篇數量卻和先秦典籍中的記載不相符合。曾有學者關注過這一問題,《書序》提到的《商書》有 37 篇,今本所存有 17 篇。這一數字和《墨子》等典籍中提及的商代典籍的狀況並不相符。再看周代的「書」篇,在西周近三百年的時間裏,先後有 12 位周王在位,以《書序》所載《周書》篇目為例,武王時期的有 10 篇,成王時期的有 22 篇,康王時期有 2 篇,穆王時期有 3 篇。以《逸周書》為例,武王時期的有 10 篇,成王時期的有 13 篇,穆王時期有 4 篇。如果將兩書反映西周時期的篇目相加可得如下數字:武王時期的有 31 篇,成王時期的有 35 篇,康王時期的有 2 篇,穆王時期有 7 篇。而反映昭王、共王、懿王、孝王、夷王、厲王、宣王、幽王的竟無一篇。〔註12〕時代久遠的「書」篇尚有保存,而年代較近的「書」篇反而無存。這顯然是不合理的。之所以會有這種不合理的現象存在,其原因應該就是:一,太史公所說的《書》篇缺失。早期的「書」篇主要是寫在竹簡之上。而竹簡極易毀朽,難以保存。因此太史公關於《尚書》有所缺失的說法是可信的。二,《書》確經孔子編輯。前文曾經提及,六經對於孔子而言,是承載了先王之道的經典。孔子希望通過對《書》的編輯體現出他的社會政治理想,闡發其王道理想。而文、武、周公更合乎孔子的王道理想,故入選者較夷、厲、宣者為夥。

同時,馬王堆帛書《要》篇中記載了孔子的一段話,文曰:「《尚書》多於矣,周易未失也」。〔註13〕李學勤先生以為「於」字當為「闕」字,與下文之「失」字相對應。此句言夫子慨歎《書》篇之缺失,與太史公所言正相符合。

既然孔子所見之「書」篇已經殘損缺失,那麼孔子對《書》還會進行刪削嗎?對這一問題,我們的答案是肯定的。下面我們將對這一問題進行具體的分析。

〔註10〕 《逸周書》,《文淵閣四庫全書》影印本,臺灣商務印書館。
〔註11〕 《墨子集詁》,上海古籍出版社,2005 年版。
〔註12〕 劉義峰:《孔子與〈尚書〉的整理》,《中華文化論壇》,2007 年 1 月。
〔註13〕 《馬王堆漢墓帛書》,國家文物局古文獻研究室編,文物出版社,1980 年版。

　　在上文我們所列漢代的關於孔子與《尚書》的關係的記載,《史記》、《漢書》沒有明確提出刪書之說。但是兩書都提到孔子在對《尚書》進行整理的時候,對原始「書」篇進行了上下限的斷代。堯以前和秦繆以後的「書」篇都沒有被孔子採納用來教學。這種斷代工作本身就意味著孔子對原始的「書」篇是有所刪削篩選的。

　　這一點,我們也可以通過對《書》在先秦的流傳情況的分析得知。先秦時期《書》篇的原始面貌,我們今天無緣得見。然而,我們可以從先秦各典籍中引《書》的情況來對其進行推測。

　　據劉起釪《尚書學史》對 19 種先秦典籍引《書》情況的統計,這 19 部先秦典籍共引《尚書》322 次;見於《書序》百篇者計 166 次,26 篇;屬於先秦逸書逸文者 156 次,51 篇。〔註14〕從這個統計數據中,我們可以看到,先秦典籍所徵引之《書》的具體篇目共 77 篇,而見於《書序》百篇者僅 26 篇,僅占全部被徵引篇目的三分之一。按照這個比例來推算,先秦時期的《書》篇數目至少在 300 篇以上。當然,這樣一個數字只是我們估算出的結果,不會十分精確。但是我們至少可以由此推論,孔子之時,原始「書」篇的數量在百篇之上。也就是說,孔子在將《書》用來教學之前,確實曾經對原始「書」篇進行過刪削。

　　另一個值得注意的問題是孔子是否曾作《書序》。漢代學者的觀點是孔子在整理《尚書》時,曾為其作序。其後之學者多信從此觀點。至宋代漸有學者對這一觀點表示懷疑,朱熹甚至明確指出「小序斷不是孔子作」。〔註15〕但是,朱熹本人對於《書序》的寫成年代前後看法也不一致,或以之為周、秦間低手人作,後以為「其文甚弱,……只似後漢末人」。自此學者多有懷疑《尚書》小序非孔子所作,甚至懷疑《書小序》在先秦時期的存在。然而清華簡出現後,有學者研究後指出清華簡《金縢》篇第 14 簡簡背所題:「周武王有疾,周公所自以為代王之志」句,當為小序,並推論先秦時期存在《書小序》文體的存在。〔註16〕

〔註14〕劉起釪:《尚書學史》,中華書局,1989 年版,第 49～50 頁。所進行統計的 19 種典籍為《詩》、《論語》、《國語》、《左傳》、《墨子》、《孟子》、《荀子》、《管子》、《莊子》、《韓非子》、《戰國策》、《周禮》、《禮記》、《大戴禮》、《孝經》、《公羊傳》、《古梁傳》、《尸子》、《呂氏春秋》。

〔註15〕朱熹:《朱子語類》,中華書局 1988 年版,第 1984 頁。

〔註16〕《清華簡與先秦書經傳流》,劉光勝,《史學集刊》2012 年第一期。

太史公《史記‧孔子世家》云：「孔子之時，周室微而禮樂廢，《詩》《書》缺。追迹三代之禮，序《書傳》，上紀唐虞之際，下至秦繆，編次其事。」〔註17〕這段文字中的「序」字爲動詞，用在書名、篇章名前的動詞性質的「序」有兩種字義。其一作排列次序解，另一種則爲作序之義。此處之「序」應當是兩種字義兼而有之。如果說這段文字在具體表述上不甚清晰的話，那麼我們可以參考太史公在《史記‧三代世表》中的表述。其文曰：「孔子因史文次《春秋》，紀元年，正時日月，蓋其詳哉。至於序《尚書》則略，無年月，或頗有，然多闕，不可錄。」〔註18〕太史公在這裡不僅提出孔子曾爲《尚書》作序，而且還明確指出了孔子所作之《書序》大多簡略，沒有確切年月，個別則較爲詳細。《漢書‧藝文志》中也有「凡百篇而爲之序」〔註19〕之語，明確記載了孔子作《書序》之事。

太史公對於《書序》面貌的概括與我們今本所存之《尚書》小序的情況是相吻合的。原始「書」篇不同於魯國之史書《春秋》，因年代久遠等原因，往往無法確知篇章所記載的具體時間。孔子治學謹愼，史料中如有具體年代不詳者，夫子作序之時亦不妄加猜測，強爲之言。故孔子所作《書序》往往極爲簡練，僅敍述作者作文之原因，而不似《春秋》詳述時日。但也有個別史料保存較爲完好，清晰地記錄了時間。這類《書》篇之序，便會比較詳細，附有年月日。例如「成湯既沒，太甲元年，伊尹作《伊訓》、《肆命》、《徂後》」。〔註20〕便屬此類。

漢人去古未遠，所持之觀點自然較爲可靠。以朱熹爲代表的否定孔子作《書序》的學者們，雖然堅決否認了《書序》爲孔子所作，對《書序》的作者及創作時間也並未提出一個明確的新觀點。有學者對孔子與《書序》之間的關係進行研究後指出，《伏生本》與《孔壁本》都是有序的，而「將《史記》中的《書序》與熹平石經《書序》以及《孔壁本》發展來的今本《書序》比較後發現，它們同多異少。顯然，它們應該是從同一個祖本發展來的。《伏生本》、《孔壁本》的《書序》均是來自先秦，《史記》所據《書序》也應來自於先秦。那麼，它們共同的祖本肯定歷史悠久，其形成必在《尚書》整理之時，

〔註17〕 《史記》，中華書局，1959年版。
〔註18〕 《史記》，中華書局，1959年版。
〔註19〕 《漢書》，《四部備要》，中華書局，1989年版。
〔註20〕 《尚書注疏》，《文淵閣四庫全書》影印本，臺灣商務印書館。

作者只能是孔子。」〔註21〕

　　春秋以前，學在官府，「書」篇大多保存在王室。春秋以後，學術下移，在這一時期，原本保存在王室與諸侯國手中的資料，開始流入民間。孔子出身於貴族，有機會接觸到這些圖書資料，且孔子曾赴周王室觀書，因此孔子具備對《書》篇進行整理的條件。

　　由以上分析我們可知，孔子確實對《尚書》進行過整理，他對原始「書」篇進行了刪削、斷代，從中選擇能夠推行教化的篇章，爲之作序。並將其作爲教本，進行授徒。這一點，司馬遷在《史記·孔子世家》中亦有所表述：「季氏亦僭於公室，陪臣執國政，是以魯自大夫以下皆僭離於正道，故孔子不仕，退而修《詩》、《書》、《禮》、《樂》，弟子彌眾，至自遠方，莫不受業焉」。〔註22〕這些作爲教本的《書》篇被孔子後學傳承下來，即爲漢代所傳之《尚書》。

　　《尚書》爲「六經」之一，孔子編訂《尚書》之旨，當如皮錫瑞所說「孔子有帝王之德而無帝王之位，晚年知道不行，退而刪定『六經』，以教萬世。其微言大義實可爲萬世之準則。」〔註23〕也就是說，孔子對這些上古典籍進行整理，乃是爲推行教化，使其爲萬世行事之準則，所謂「道沿聖以垂文，聖因文以明道」。〔註24〕經過孔子修訂的這些上古典籍，被後世尊稱爲「經」，故稱「經」爲「恒久之至道，不刊之鴻教」。〔註25〕道、聖、經三位一體，不可分割。故必以經爲孔子作，始可以言經學；必知孔子作經以教萬世之旨，始可以言經學。〔註26〕

二、古文《尚書》眞僞問題

　　《尚書》經孔子纂定之後，在孔門弟子中授受傳承。至始皇，遭焚書之厄。到漢代出現了今文古文之分。晚出古文《尚書》的眞僞問題是經學史上最爲聚訟紛紜爭論不休的一個重要問題。本節將對這一問題進行分析和探討。

〔註21〕劉義峰：《孔子與〈尚書〉的整理》，《中華文化論壇》，2007年1月。

〔註22〕《史記》，中華書局，1959年版。

〔註23〕皮錫瑞：《經學歷史》，中華書局，2004年版。

〔註24〕劉勰：《文心雕龍》，《文淵閣四庫全書》影印本，臺灣商務印書館，第1478冊。

〔註25〕劉勰：《文心雕龍》，《文淵閣四庫全書》影印本，臺灣商務印書館。

〔註26〕皮錫瑞：《經學歷史》，中華書局，2004年版。

（一）漢代今古文《尚書》

漢惠帝四年（191B.C.）除挾書令，故秦博士伏生出所藏壁中《書》，得二十九篇教於齊、魯。文帝時，使太常掌故晁錯前往承傳，寫藏於秘府。伏生又授張生、歐陽生：歐陽氏世傳業，曾孫歐陽高作《章句》，是爲歐陽之學；張生則授夏侯都尉，都尉族孫勝爲大夏侯之學；勝傳夏侯建，建又事歐陽高，牽引《五經》中與《書》相出入者，次爲《章句》，爲小夏侯之學。三家皆立於學官。《漢書·藝文志》所載「經二十九卷」〔註27〕即是諸家傳授的今文《書》。

除今文《尚書》外，漢代還出現了用古文寫定的《尚書》。自此，《尚書》有今古文之爭。古文《尚書》的情況比較複雜，漢代見於記載的《古文尚書》有以下幾種不同的版本：

1、孔子家傳本

《史記·儒林傳》所記載的孔子家傳本是第一個見於記載的古文《尚書》本。《史記·儒林傳》曰：「伏生孫以治《尚書》徵，不能明也。魯周霸、孔安國、洛陽賈嘉頗能言《尚書》事。孔氏有《古文尚書》，而安國以今文讀之，因以起其家逸《書》得十餘篇，蓋《尚書》滋多於是矣。」〔註28〕此處並沒有明言所多之具體篇數和篇名，也無壁出之說。關於孔安國獻書，《書大序》中亦有相關記載。其文曰：

> 至魯共王好治宮室，壞孔子舊宅，以廣其居，於壁中得先人所藏古文虞夏商周之書及傳《論語》、《孝經》，皆科斗文字。王又升孔子堂，聞金石絲竹之音，乃不壞宅。悉以書還孔氏。科斗書廢已久，時人無能知者，以所聞伏生之書考論文義，定其可知者，爲隸古定，更以竹簡寫之，增多伏生二十五篇。伏生又以《舜典》合於《堯典》，《益稷》合於《皋陶謨》，《盤庚》三篇合爲一，《康王之誥》合於《顧命》，復出此篇，並序，凡五十九篇，爲四十六卷。其餘錯亂摩滅，弗可復知，悉上送官，藏之書府，以待能者。承詔爲五十九篇作傳，於是遂研精覃思，博考經籍，採摭群言，以立訓傳。約文申義，敷暢厥旨，庶幾有補於將來。《書序》，序所以爲作者之意。昭然義見，宜相附近，故引之各冠其篇首，定五十八篇。既畢，會國有巫蠱事，

〔註27〕 《漢書》，《四部備要》，中華書局，1989年版。
〔註28〕 《史記》，中華書局，1959年版。

經籍道息，用不復以聞，傳之子孫，以貽後代。若好古博雅君子，

與我同志，亦所不隱也。〔註29〕

武帝即位後約十年，廣開獻書之路，建藏書之策，得天下眾書，藏於秘府。
孔安國即在彼時將家藏之古文《尚書》獻於朝廷。而後奉詔爲五十九篇作傳，
終於完成後，卻恰逢武帝末的巫蠱之禍。因此其所作之傳並未能得到足夠重
視。

2、中古文本（中秘本）

《漢書・藝文志》所載有「中古文本」，其中記載：「劉向以中古文校歐
陽、大、小夏侯三家經文，《酒誥》脫簡一，《召誥》脫簡二，率簡二十五字
者脫亦二十五字，簡二十二字者脫亦二十二字。文字異者七百有餘，脫字數
十。」〔註30〕

3、孔壁本

孔壁出書之說漢代典籍多有所載，但均不盡相同。現擇要摘錄如下：

《漢書・楚元王傳》附《劉歆傳》所載其所作《移太常博士書》云：「時
漢興已七八十年，離於全經固已遠矣。及魯恭王壞孔子宅，欲以爲宮，而得
古文於壞壁之中，逸《禮》有三十九篇，《書》十六篇。天漢之後，孔安國獻
之，遭巫蠱倉卒之難，未及施行。及《春秋》左氏秋明所修，皆古文舊書。」
〔註31〕

《漢書・藝文志》云：「《古文尚書》者，出孔子壁中。武帝末，魯恭王
壞孔子宅，欲以廣其宮，而得《古文尚書》及《禮記》、《論語》、《孝經》，凡
數十篇，皆古字也。共王往入其宅，聞鼓琴瑟鍾磬之音，於是懼，乃止不壞。
孔安國者，孔子後也，悉得其書，以考二十九篇，得多十六篇。安國獻之，
遭巫蠱事，未立於學官。」〔註32〕

《漢書・景十三傳》云：「恭王初好治宮室，壞孔子舊宅，以廣其宮，聞
鐘磬琴瑟之聲，遂不復壞，於其壁中得古文經傳。」〔註33〕

荀悅《漢紀・成帝紀》引劉向語云：「魯恭王壞孔子宅，以廣其宮，得

〔註29〕《尚書正義》，《文淵閣四庫全書》影印本，臺灣商務印書館。
〔註30〕《漢書》，《四部備要》，中華書局，1989年版。
〔註31〕《漢書》，《四部備要》，中華書局，1989年版。
〔註32〕《漢書》，《四部備要》，中華書局，1989年版。
〔註33〕《漢書》，《四部備要》，中華書局，1989年版。

《古文尚書》，多十六篇，及《論語》、《孝經》，武帝時孔安國家獻之。」
〔註 34〕

王充《論衡·佚文篇》云:「恭王壞孔子宅以爲宮，得逸《尚書》百篇，《禮》三百，《春秋》三百篇，《論語》二十一篇。聞絃歌之聲，懼復封塗，上言武帝。武帝遣吏發取，古經、《論語》此時皆出。」〔註 35〕

許慎《說文解字·敘》云:「魯恭王壞孔子宅而得《禮記》、《尚書》、《春秋》、《論語》、《孝經》，又北平侯張蒼獻《春秋左氏傳》。」〔註 36〕

由於對於孔壁出書的情況，各種典籍的記載均不完全相同，故有學者對於孔壁出書這一事件的眞實性表示懷疑。陳夢家先生在《尚書通論》中提及「壁中本」時說：

> 所謂「壁藏」之說最初也是司馬遷提出的。《史記·儒林傳》曰『秦時焚書，伏生壁藏之』，而伏生是秦始皇時的博士，是可以有《書》而不必藏之壁中的。劉氏父子把太史公關於伏生《尚書》的壁藏和孔安國家的古文《尚書》的逸篇結合起來，遂有孔子壁中古文《尚書》之說。〔註37〕

陳夢家認爲，所謂孔壁出書乃是劉氏父子將太史公關於伏生尚書的壁藏和孔安國家的古文尚書的逸篇結合起來而形成的。

而將史籍中的多處記載綜合進行考察，會發現以上三種古文《尚書》本之間是存在緊密聯繫的。《漢書·藝文志》對這件事的記載值得注意，根據《漢書》記載，孔壁本及孔傳本當是同一個本子，也極有可能就是所謂的中秘本。

有學者認爲孔安國死於巫蠱之前，因此《漢書·藝文志》的這一說法不能成立。其依據在於《史記》中的一段話，其文曰:「……子襄生忠，年五十七。忠生武，武生延年及安國。安國爲今皇帝博士，至臨淮太守，蚤卒。」〔註38〕但是我們認爲這種懷疑是不能夠成立的。關於這一點，蔣善國先生曾做過較爲深入的探討，其文曰:

> 「孔壁古文《尚書》雖經孔安國天漢以後獻上，可是徵和元年

〔註 34〕 荀悅:《漢紀》，《文淵閣四庫全書》影印本，臺灣商務印書館。
〔註 35〕 《論衡》，《文淵閣四庫全書》影印本，臺灣商務印書館。
〔註 36〕 許慎:《說文解字》，《文淵閣四庫全書》影印本，臺灣商務印書館。
〔註 37〕 陳夢家:《尚書通論》，中華書局，2005 年版，第 36 頁。
〔註 38〕 《史記》，中華書局，1959 年版。

就發生了巫蠱事件，武帝無暇顧及，因而司馬遷沒有說到他獻書這件事，只說孔安國早死。」、「《史記》說孔安國早死，不一定是孔安國少亡，《史》、《漢》惜人功業不終，也常加以『早終』一類的字樣（例證很多）」。〔註39〕

因此我們認為《漢書》中的記載應是正確無誤的。漢武帝明詔求書，廣開獻書之路，建藏書之策。孔安國為武帝時博士，因此孔安國獻家藏古書是完全有可能並合乎情理的。其所獻書雖未能立於學官，卻得以保存於中秘之中。後劉向用以校三家經文者，即當為此本。

劉歆在其所作的《讓太常博士書》中亦對此有所記載，其文曰：

> 及魯恭王壞孔子宅，欲以為宮，而得古文於壞壁之中，《逸禮》有三十九篇，《書》十六篇。天漢之後，孔安國獻之，遭巫蠱倉卒之難，未及施行。及《春秋》左氏丘明所修，皆古文舊書，多者二十餘通，臧於秘府，伏而未發。孝成皇帝閔學殘文缺，稍離其眞，乃陳發秘臧，校理舊文，得此三事，以考學官所傳，經或脫簡，傳或間編。……夫禮失求之於野，古文不猶愈於野乎？往者博士《書》有歐陽，《春秋》公羊，《易》則施、孟，然孝宣皇帝猶復廣立《穀梁春秋》，《梁丘易》，《大小夏侯尚書》，義雖相反，猶並置之。何則？與其過而廢之也，寧過而立之。傳曰：「文武之道未墜於地，在人；賢者志其大者，不賢者志其小者。」今此數家之言所以兼包大小之義，豈可偏絕哉！若必專己守殘，黨同門，妒道眞，違明詔，失聖意，以陷於文吏之議，甚為二三君子不取也。〔註40〕

劉歆作此書在哀帝初即位之時，時離漢武帝建藏書之策百餘年，劉歆其時為侍中太中大夫，遷騎都尉、奉車光祿大夫，少時即從父受詔與父向領校秘書。是以對秘府典籍的情況十分熟悉。觀乎劉歆此書，其言今文諸博士專己守殘，黨同門，妒道眞等等，確然發乎眞誠，言辭懇切，痛恨之情溢於言表。其時古文典籍尚存，各種檔案尚在，倘其所述與事實不符，博士們豈能聽任劉歆指責而不反駁？事實是，名儒光祿大夫龔勝以歆移書上疏深自罪責，乞骨還鄉。由此可見，劉歆所述當為事實。孔傳本、孔壁本、中秘本當為同一版本。

〔註39〕 蔣善國：《尚書綜述》，上海古籍出版社，1988年版。
〔註40〕 《漢書》，《四部備要》，中華書局，1989年版。

4、河間獻王本

《漢書・景十三王傳》中《河間獻王傳》記載：「（獻王）修學好古，實事求是。從民間得善書，必為好寫與之，留其真。……獻王所得書，皆古文先秦舊書《周官》、《尚書》、《禮》、《禮記》、《孟子》、《老子》之屬，皆經、傳、說、記，七十子之徒所論。」〔註41〕值得注意的是，《史記・五宗世家》中卻沒有獻王得古文舊書之事，惟言其「好儒學，被服造次必於儒者。」〔註42〕

5、張霸偽「百兩篇」本

據《漢書・儒林傳》所載：「世所傳《百兩篇》者，出東萊張霸，分析合二十九篇以為數十，又採《左氏傳》，《書敘》為作首尾，凡百二篇。篇或書簡，文意淺陋。成帝時求其古文者，霸以能為『百兩』徵。以中書校之，非是。霸辭：『受父』。父有弟子尉氏樊並。時大中大夫平當、侍御史周敞勸上存之。後樊並謀反，乃黜其書。」〔註43〕

這是一次明確編造的偽《古文尚書》。《論衡・佚文篇》對此事也有記載，但文字多有增益之處。其文曰：「孝成皇帝讀百篇《尚書》，博士郎吏莫能曉知，徵天下能為《尚書》者，東海張霸通《左氏春秋》，案百篇序，以《左氏》訓詁，造作百二篇，具成奏上。成帝出秘《尚書》以校考之，無一字相應者，成帝下霸於吏。吏當器辠大不謹敬。成帝奇霸之才，赦其辠，亦不滅其經，故百二篇書傳在民間。」〔註44〕張霸的偽「百兩篇」雖被廢，然所載之《書序》被保存並流傳了下來。

6、杜林本

《後漢書・儒林傳》：「扶風杜林傳古文上述，林同郡賈逵為之作訓，馬融作傳，鄭玄注解，由是古文尚書逐顯於世。」〔註45〕

杜林所得的本子的具體情況，也一直是存有爭議的一個問題。紀昀以為：「林（杜林）所傳者乃古文字體，……是必劉向校正三家之時，隨二十八篇傳出。以字非隸古，世不行用。林偶得之以授逵，逵得之以授慎，故慎

〔註41〕《漢書》，《四部備要》，中華書局，1989年版。
〔註42〕《史記》，中華書局，1959年版。
〔註43〕《漢書》，《四部備要》，中華書局，1989年版。
〔註44〕《論衡》，《文淵閣四庫全書》影印本，臺灣商務印書館。
〔註45〕《後漢書》，《四部備要》，中華書局，1989年版。

稱爲孔氏本，而亦止二十八篇，非眞見安國舊本也。」〔註46〕紀昀認爲杜林所得的古文《尚書》本出於劉向校歐陽、大、小夏侯三家本之時，即我們前文所提的「中古文本」。張岩則對「杜林本」做出過一個較爲大膽的推測，他認爲：「『杜林本』雖與孔傳本有淵源關係，但所傳只有『三十三篇』，並在傳遞過程中發生一系列適應性改變。」〔註47〕

（二）晚出《古文尚書》及其真偽問題

雖然對這幾種本子有不同的看法，但人們對漢代的《古文尚書》傳本的眞實性基本都持肯定態度。問題比較大、多年爭論不休的是東晉晚出的《古文尚書》。

東晉元帝時梅賾向朝廷獻上了附有孔安國傳的《古文尚書》。孔穎達《尚書正義》記載了梅賾獻書及其授受源流。《正義》所引《晉書·皇甫謐傳》云：「姑子外弟梁柳邊得《古文尚書》，故作《帝王世紀》往往載孔傳五十八篇之書。」《晉書》又云：「晉太保公鄭沖以古文授扶風蘇愉，愉字休預。預授天水梁柳，字洪季，即謐之外弟也。季授城陽臧曹，字彥始。始授郡守子汝南梅賾，字仲眞，又爲豫章內史。遂於前晉奏上其書而施行焉」。〔註48〕

梅賾所獻的《古文尚書》共五十八篇，其中《益稷》從《皋陶謨》中分出，比今文《書》多二十五篇，又分《堯典》「愼徽五典」以下爲《舜典》。這個古文《尚書》傳本被列於學官，置博士，一時之間學者甚衆。後范甯爲之作《集注》，徐邈爲之《注音》，梁代又有巢猗、蔡大寶等的義疏；武平末年劉炫等得費氏義疏，於是北學在鄭學外也兼習梅本《古文尚書》。唐孔穎達根據巢、費等人的義疏，以二劉爲本，作《尚書正義》，後經馬嘉運等人考訂，於公元653年（即永徽四年）與《易》、《詩》、《禮記》、《春秋左傳》同列爲五經正義頒於天下，正式成爲了明經取士的標準，從此產生了巨大的影響。

直至兩宋之交，始有學者對東晉時代晚出的《古文尚書》表示懷疑。始獻疑者爲吳棫，棫字才老，建安人。著《書裨傳》辨《晚書》，其書今已亡佚。但從其他書籍中引用的《書裨傳》的內容來看，吳棫主要是對語詞文體進行比較來區分今文和晚出古文。如《朱子語類》卷七十八云：「吳才老又考究梓

〔註46〕《四庫全書總目提要》，中華書局，1987年版。
〔註47〕張岩：《審核古文〈尚書〉案》，中華書局，2006年版。
〔註48〕《尚書正義》，《文淵閣四庫全書》影印本，臺灣商務印書館，第54冊。

材只前面是告戒，其後都稱『王』，恐自是一篇。不應王告臣下，不稱『朕』而自稱『王』耳。」〔註49〕

朱熹也看出《尚書》中今文與古文存在的差異，《朱子語類》中曾提到今文往往艱澀難曉，古文則平易易曉。但他卻並未因這種差異而否定《古文尚書》的眞實性，所懷疑的只是《書序》的眞實性。他認爲「書序恐不是孔安國做。漢文粗枝大葉，今書序細膩，只似六朝時文字。小序斷不是孔子做！」〔註50〕

其後學者在論及《尚書》時，逐漸注意區分今古文篇章。如蔡沈作《書集傳》，各篇之下都特意注明「今文古文皆有」或「今文無古文有」的注釋。而據《四庫提要》卷一二《書纂言》之提要所云，自陳振孫作《尚書說》始，今文古文被確然明白地區分開來。〔註51〕

至明代，鄭瑗、梅鷟、鄭曉、郝敬等學者續有考辨。其中梅鷟承襲吳棫、朱熹及吳澄之說所作的《尚書考異》影響較大，開清代古文《尚書》考辨之先河。

到清代，圍繞晚出《古文》，學術界展開了廣泛持久的討論，形成了分別以閻若璩、毛奇齡爲代表的，圍繞晚出《尚書》的證僞和護僞的眾多學者的對壘。閻若璩，字百詩，別署潛邱。其《尚書古文疏證》多採前人辨僞之說，從不同方面對晚出《尚書》進行了辨僞工作，清代漢學的學者多認爲該著基本解決了《晚書》的眞僞問題，此書更被尊爲清代漢學的開山之作，同時也被看成是清代考證學的代表性著作。

在證僞考辨工作愈演愈烈的同時，以毛奇齡爲代表的學者也從未放棄過爲梅賾所獻《尚書》的眞實性進行辯護。閻氏《疏證》一書出後，毛奇齡作《古文尚書冤詞》反駁閻氏之論，某些觀點閻氏無可辯駁，遂刪去一部分，重新刊定出版。故今本《尚書古文疏證》雖名爲128條，但其中第28、29、30、33～41等十二條有目無文，第42～48、102、108～110、122～127等十七條唯存序號。

鑒於閻若璩《尚書古文疏證》在古文《尚書》考辨史上的重要地位與影響，我們將圍繞閻氏此書的辨僞對古文《尚書》眞僞問題進行分析。

〔註49〕 朱熹：《朱子語類》，中華書局1988年版，第1979頁。
〔註50〕 朱熹：《朱子語類》，中華書局1988年版，第1984頁。
〔註51〕 《文淵閣四庫全書》影印本，臺灣商務印書館。

考之閻氏《疏證》一書，其考辨之思維方法並非無懈可擊，許多地方存在漏洞，很多證據似是而非。

近年來已有學者注意《疏證》一書之誤，對此進行了專力的探討與研究。楊善群在其《辨僞學的歧途——評《尚書古文疏證》》一文中指出，「只要稍加稽查考覈就會發現，他（指閻若璩）的絕大部分證據都是似是而非，因而是不能成立的」，並對閻氏《疏證》一書的辨僞手法進行了分類研究。楊善群指出閻氏辨僞之錯可分以下八類：一、主觀武斷，強詞奪理；二、顛倒先後，混淆是非；三、吹毛求疵，故意找茬；四、信口雌黃，胡亂拉扯；五、門戶之見，意氣用事；六、自相矛盾，莫名其妙；七、虛張聲勢，亂湊條目；八、二難推理，反正是「僞」。並於每類下舉例進行評析。〔註52〕

楊善群還通過對舊籍引語與古文《尚書》的對比研究，進一步肯定古文《尚書》的學術價值。他認爲：古文《尚書》是長期流傳的眞古文獻，「古文《尚書》在魏晉之際完備成集，形成清楚、可靠的傳授關係」。〔註53〕與舊籍引語相比，「古文爲正確、合理、完整、全面、連貫流暢、自然貼切，而引語則往往錯誤、脫漏、片面、刪節、篡改、掐頭去尾、用詞不當；且古文《尚書》與舊籍引語大多相異，許多舊籍引語在古文《尚書》中找不到；特別是舊籍引語在古文《尚書》中所佔比例甚小」。且古文《尚書》能夠補充許多歷史事實，保存了大量的格言和成語，訂正舊籍引文之訛。〔註54〕即令從作僞者的角度出發，若僞造舊典，爲取信於人，也斷不會不與舊籍引語同進而授人以柄。

2005年初，張岩在國學網首頁發佈6萬餘字長篇論文《閻若璩〈疏證〉僞證考——清代考據學存在多大問題的一次檢驗》（下文簡稱《僞證考》）。該文是迄今爲止這個方面最有分量的專題研究。其結論是閻氏關於「僞書」的「指控」不成立。張岩又於同年3月15日在《光明日報・理論周刊》發表《現代信息技術與傳統國學研究——以檢驗閻若璩古文〈尚書〉證僞爲例》，對其研究成果和方法作出具體說明。2006年出版了《審核古文尚書案》一書，對閻若璩的辨僞方法進行了全面的甄別。張岩的甄別工作分爲文獻流傳、史地、史實等專題，涉及了閻氏一書的大部分條目。

〔註52〕 楊善群：《辨僞學的歧途——評《尚書古文疏證》》，《淮陰師範學院學報》，2005年3期。

〔註53〕 楊善群：《論古文尚書的學術價值》，《孔子研究》，2004年5期。

〔註54〕 楊善群：《古文尚書與舊籍引語的比較研究》，《齊魯學刊》，2003年5期。

　　對《尚書古文疏證》一書進行逐條的考察，不難發現閻氏的考辨確實存在這樣那樣的謬誤和漏洞。現擇其中錯誤顯然而又較具代表性的一些條目進行簡略的分析。

　　《尚書古文疏證》第 4 條云：「又按《虞書》、《夏書》之分實自安國傳始，馬融、鄭康成、王肅別錄題皆曰《虞夏書》，無別而稱之者。孔穎達所謂以虞夏同科，雖虞事亦連夏是也。即伏生《虞傳》、《夏傳》外仍有一《虞夏傳》。鄭康成序又以《虞夏書》二十篇、《商書》四十篇、《周書》四十篇，贊曰「三科之條，五家之教」，是虞夏同科也。及余觀揚子《法言》亦曰「虞夏之書渾渾爾，商書灝灝爾，周書噩噩爾」則可證西漢時未有別《虞書》、《夏書》而爲二者，杜元凱《左傳注》曰《尚書虞夏書》也，則可證西晉時未有別《虞夏書》而爲二者，逮東晉梅氏書出，然後書題卷數篇名，盡亂其舊矣。」〔註 55〕

　　閻氏認爲將《虞夏書》分稱爲《虞書》、《夏書》，乃是梅賾私自分卷篡改，並舉數例力證《虞夏書》本不分。然查之先秦典籍的引書狀況即知閻氏此說之謬。例如：

　　　　《左傳·文十八》：「魯季文子使大史克對魯公曰：『故《虞書》
　　數舜之功曰：愼徽五典，五典克從，無違教也；曰：納於百揆，
　　百揆時序，無廢事也；曰：賓於四門，四門穆穆，無凶人也。』」
　　〔註 56〕

　　　　《左傳·僖廿七》：「晉趙衰曰：『《夏書》曰：賦納以言，明試
　　以功，車服以庸』。」〔註 57〕

　　　　《國語·周語上》：內史過曰：「《夏書》有之曰：『衆非元后何
　　戴，后非衆無與守邦』」。〔註 58〕

由此可見《虞書》、《夏書》之分古已有之，而非如閻氏所說爲梅賾私改而後有之者。且閻氏謂西漢時未有別《虞書》、《夏書》而爲二者，更屬無稽。察之《史記》、《漢書》等典籍，卻屢有別《虞書》、《夏書》而稱之者。如：

　　　　太史公曰：余每讀虞書，至於君臣相敕，維是幾安，而股肱不

〔註 55〕　《春秋左傳正義》，《文淵閣四庫全書》影印本，臺灣商務印書館。
〔註 56〕　閻若璩：《尚書古文疏證》，《文淵閣四庫全書》影印本，臺灣商務印書館。
〔註 57〕　《春秋左傳正義》，《文淵閣四庫全書》影印本，臺灣商務印書館。
〔註 58〕　《國語》，上海古籍出版社，1998 年版。

良，萬事墮壞，未嘗不流涕也。〔註59〕

　　夏書曰：禹抑洪水十三年，過家不入門。陸行載車，水行載舟，泥行蹈毳，山行即橋。以別九州，隨山濬川，任土作貢。通九道，陂九澤，度九山。〔註60〕

　　《虞書》曰：「乃同律度量衡」，所以齊遠近，立民信也。〔註61〕

　　《虞書》曰：舜在璿璣玉衡，以齊七政。遂類於上帝，禋於六宗，望秩於山川，遍於群神。揖五瑞，擇吉月日，見四嶽諸牧，班瑞。〔註62〕

閻氏此論之誤，顯而易見。此為閻氏考辨中常用伎倆之一：以偏概全，混淆視聽。

　　閻氏於《尚書古文疏證》中指責晚出古文《尚書》多為改竄拆裂補綴古籍引《書》之語而成。《疏證》第6條指《伊訓》篇為採自《詩經》、《論語》、《周易》、《孝經》等典籍之語而成，並將其文之內容一一與舊籍之語相比較。以此觀之，閻氏之觀點為：凡與舊籍之語同者，即為抄襲。而觀之《疏證》第5條，其以《漢書‧律曆志》中所引劉歆《三統曆》之《武成》引語來考證晚出《尚書》之《武成》，指晚出《尚書》之《武成》並無此語、曆數不合等等，是可知晚出《尚書》之《武成》為偽書。以此條觀之，閻氏之觀點又為：凡不同於舊籍之語的，即為作偽。將閻氏這兩條放在一起分析，就會發現其評判標準的悖謬之處。閻氏此舉等於是將晚出《尚書》推入了一個「兩難」的境地。不論晚出《尚書》與舊籍之語相同與否，都難免淪入抄襲作偽的境地。此即楊善群先生所謂「二難推理，反正是偽」。〔註63〕乃閻氏考辨的又一個慣用思路。

　　且若果如閻氏所云晚出《尚書》為改竄拆裂補綴古籍之語而來，則晚出《尚書》中之《武成》斷無不引《漢書》所存《三統曆》之語。《漢書》並非偏僻難見之書，而據孔穎達所述傳承古文《尚書》者如皇甫謐、梅賾者都非見識淺陋的無學之輩。既要偽造，為何不引《三統曆》之語，這豈非授人以

〔註59〕《史記》，中華書局，1959年版。
〔註60〕《史記》，中華書局，1959年版。
〔註61〕《漢書》，《四部備要》，中華書局，1989年版。
〔註62〕《漢書》，《四部備要》，中華書局，1989年版。
〔註63〕楊善群：《辨偽學的歧途──評《尚書古文疏證》》，《淮陰師範學院學報》，2005年3期。

柄嗎？

　　閻氏《疏證》第 6 條又云：「按荀子所引《書》曰出《臣道》篇，其上文曰：故因其懼也，而改其過；因其憂也，而辨其故；因其喜也，而入其道；因其怒也，而除其怨，曲得所謂焉。即繼以《書》曰『從命而不拂，微諫而不倦，爲上則明，爲下則遜』此之謂也。語甚精得古大人格君心之道，非伊尹不足以當。而僞作《伊訓》者乃改以爲先王事，云先王從諫弗咈，先民時若。居上克明，爲下克忠。語反淺近。」〔註64〕並以此論《古文尚書》之《伊訓》篇爲後人僞作。

　　閻氏此條之辨析難免有強詞奪理之嫌，先秦時引用《詩》、《書》之語大多按自己的意思對引文進行申說，所謂「以古證我，以我爲本」，其引用《詩》《書》乃是爲自己的論點服務，此爲慣見之常。閻氏據此定晚出《尚書》之眞僞，難以令人信服。且閻氏「語反淺近」語所透露出的評判標準也難免主觀臆斷之嫌。

　　另外極爲重要的是，閻氏此處所說的情況，在今文《尚書》中也同樣存在。同樣是《荀子》一書，《致士》一篇引用了《康誥》中的內容，其文如下：

　　　臨事接民而以義，變應寬裕而多容，恭敬以先之，政之始也；
　　然後中和察斷以輔之，政之隆也；然後進退誅賞之，政之終也。故
　　一年與之始，三年與之終。用其終爲始，則政令不行而上下怨疾，
　　亂所以自作也。《書》曰：「義刑義殺，勿庸以即，女惟曰『未有順
　　事』。」言先教也〔註65〕

此文所引《康誥》原文爲：「用其義刑義殺，勿庸以次汝封。乃汝盡遜曰時敘，惟曰未有遜事。」〔註66〕將《荀子》所引與《康誥》原文進行比較，我們會發現《康誥》原文顯然也更易於理解，那麼按照上文所述閻氏之認定方法，《康誥》的眞實性也值得懷疑，而這顯然不是閻氏的觀點。相同的素材和思路理應得到相同的結論，但閻氏此條卻恰恰相反，相同的素材和思路得出了不同的結論。因此閻若璩的這條考辨也是不能成立的。

　　閻氏《疏證》第 15 條：「《左氏春秋內傳》引《詩》者，一百五十六，引逸詩者十。引《書》者二十一，引逸書者三十三。《外傳》引《詩》者二

〔註64〕閻若璩：《尚書古文疏證》，《文淵閣四庫全書》影印本，臺灣商務印書館。
〔註65〕《荀子集解》，（清）王先謙，中華書局，1988 年版。
〔註66〕《尚書正義》，《文淵閣四庫全書》影印本，臺灣商務印書館。

十二，引逸詩者一。引《書》者四，引逸書者十。蓋三百篇見存，故《詩》之逸自少。古《書》放闕既多而《書》之逸自倍於詩也。何梅氏二十五篇出，向韋杜二氏所謂逸書者皆歷歷具在，其終爲逸書者僅《昭十四年》「《夏書》曰：『昏、墨、賊，殺。』皐陶之刑也。」一則而已。夫《書》未經孔子所刪不知凡幾，及刪成百篇。未爲伏生所傳誦尚六十九篇，其逸多至如此。豈左氏於數百載前逆知後有二十五篇，而所引必出於此耶？抑此二十五篇援左氏以爲重，取左氏以爲料，規摹左氏以爲文辭，而凡所引遂莫之或遺耶？此又一大破綻也。」〔註67〕

閻氏此論更顯其以偏概全之弊，其下第 16 條復舉《小戴禮記》，以爲情況與《左傳》同。先秦引《書》者眾，據劉起釪《尚書學史》統計，多有晚出《尚書》之外逸文存在。而閻氏獨選《左傳》、《小戴禮記》兩書爲論，其偏頗由此可見。且 1993 年出土的郭店楚墓竹簡中的儒家典籍中《成之聞之》、《唐虞之道》、《緇衣》等篇章的引《書》之文皆有不見於晚出《古文尚書》者。故閻氏此論之漏洞更爲顯明，不足爲論矣。

《疏證》第 81 條，閻氏舉夏代仲康即位後一次日食的曆朔證《胤征》之文乃爲僞作。第 104 條，又詳列夏啓、太康、仲康諸王的享國時間，並其壽數云云。以此證晚出《尚書》中《五子之歌》之僞。此兩條之論尤其令人無法相信。夏代之紀年，自來諸種史書都付之闕如。閻氏竟能瞭如指掌一一詳列，並其曆朔等全部知悉，實在難以取信於人。

如以上數例之情況在閻氏《疏證》一書中多有所見，其考辨方法中存在著許多漏洞與不合實情之處。故僅憑這樣一種考辨著作所得出的結論就否定《古文尚書》的眞實性，定其爲僞作，實難以令人信服。何況《古文尚書》淵源有自，具有清晰的傳承脈絡。在沒有任何實質性證據的情況下，輕易地否定這樣一部古籍，顯然是不可取的。

由以上分析來看，由於以閻氏爲代表的圍繞古文《尚書》的辨僞手法所存在的種種漏洞以及新出材料所透露出的信息來看，對東晉梅賾所獻之古文《尚書》，我們實難驟下其爲僞書之定論。正如呂紹剛所言「清人關於晚出古文《尚書》乃東晉人僞造的結論並非無懈可擊，仍可以再作討論」。〔註68〕當

〔註67〕閻若璩：《尚書古文疏證》，《文淵閣四庫全書》影印本，臺灣商務印書館。

〔註68〕呂紹剛：《郭店楚墓竹簡辨疑兩題》，《紀年孔子誕辰 2550 週年國際學術討論會論文集》（下），國際文化出版公司，2000 年。

然，我們此說並不是說古文《尚書》字字可信，為無可挑剔之典籍。古代典籍在長期的流傳過程中不免會有傳抄者有所附益，或有訛誤。

目前有部分學者認為今本的古文《尚書》乃是漢人的輯佚本，例如離揚發表在國學網的國學論壇中的《〈尚書〉輯佚辯證》一文，從作偽者的視角切入，對古文《尚書》進行審視，最終得出古文《尚書》並非偽作，而是孔安國從殘簡中整理出來的輯佚之作。此文研究視角新穎，觀點可備一說。〔註69〕

清華簡中相關簡文的出現，尤其是整理者所認定的《尹誥》篇的出現，引發了諸多學者對於古文《尚書》真偽問題的再思考。部分學者認為，清華簡《尹誥》或稱《咸有一德》，並將之與今本《咸有一德》篇進行比對，因其內容不符，從而得出今本《咸有一德》為後世偽作，進而否認了古文《尚書》的真實性。然而，這一判斷過程中存在不合理的地方。有學者對此進行了分析並指出，合《尹誥》與《咸有一德》為一篇，不合《尚書》篇名之通例；且兩篇文字從寫作時代背景與體例等方面來看，毫無相同處。〔註70〕鑒於此，我們認為，《尹誥》究竟為古文《尚書》之佚篇，抑或如清華簡整理者所言與《咸有一德》為同一篇，還有待更多佐證的出現。

因此，我們需要科學、正確地對待古文《尚書》的真偽問題，不能簡單武斷地驟下結論，在沒有確鑿證據的時候，更應該以審慎的態度去對待。就目前看來，確認其為偽作的證據實不充分，應將其作為可信的史料來看待。

第二節　今本《尚書》與早期儒家關係

我們在上文曾經提及春秋之後學術下移，原本保存在周王室的包括大量「書」篇在內的資料流散入民間，被眾多學者所掌握。孔子是當時最為著名的學者之一，首開私學，以其所編定的「六經」來授受門徒，推行教化。除孔子外，還有許多學者也紛紛運用這些資料來教授門徒，並常在著述之時援引這些材料，來闡述自己的學說。也就是說，先秦之時初始形態的「書」篇被許多學派所掌握，各個學派之學說主張不同，他們所選擇的具體篇目也勢必有所差異。而通過對先秦各典籍引《書》情況和今本《尚書》思想內容進行分析，我們認為，今本《尚書》當是孔子所定用以教授門徒，被其弟子後

〔註69〕離揚：《〈尚書〉輯佚辯證》，見於 http://bbs.guoxue.com/archiver/?tid-258467.html。
〔註70〕楊善群：《清華簡《尹誥》引發古文《尚書》真偽之爭》，《學習與探索》，2012年9月。

學所傳承下的一個本子。下面我們將對這一問題進行具體的分析。

一、孔子及孔門弟子引《書》考

先秦之時《書》的確切情況，我們無法得知。然而，我們可以從各先秦典籍的引《書》狀況中對其有一個基本的瞭解。

據劉起釪《尚書學史》對 19 種先秦典籍引《書》情況的統計，這 19 部先秦典籍共引《尚書》322 次；見於《書序》百篇者計 166 次，26 篇；屬於先秦逸書逸文者 156 次，51 篇。儒家學派的文獻所引《尚書》總次數爲 208 次 47 篇，除儒家典籍外，引用《尚書》較多者有《墨子》、《呂氏春秋》兩部典籍。《墨子》引《書》47 次 22 篇，《呂氏春秋》引《書》14 次。〔註71〕

儒家典籍所引之《書》有三分之二以上均在百篇《書序》之內。而《墨子》、《呂氏春秋》兩部典籍所引之《書》頗多百篇《書序》之外的逸文。《墨子》的 47 次引《書》中，見於百篇《書序》者 19 次，不足其引《書》總數的一半。《呂氏春秋》的 14 次引《書》中，見於百篇《書序》者僅 5 次，所佔比例僅止三分之一而已。兩部典籍所引之《書》的篇目有相當一部分不見於儒家典籍中，然兩部典籍之間卻又有部分篇目可彼此印證。

由此我們大概可以推知，先秦時期，《書》爲眾多流派的學者所掌握，作爲教本，各個學派所選擇掌握的「書」篇也各不相同。而對孔子及其後學所作典籍的引《書》情況加以分析，我們會發現，今本《尚書》與孔子及其後學之間的聯繫是極其緊密的。下面我們就對《論語》、《孟子》、《禮記》、《荀子》這四部孔門弟子所作的典籍以及郭店楚簡稱引《書》的情況進行分析。

1、《論語》中三次提到《書》，分別為：

《述而》：子所雅言，詩書執禮皆雅言也。

《爲政》：或謂孔子曰：「子奚不爲政？」子曰：「《書》云：『孝乎爲孝，友於兄弟，施於有政』。是亦爲政，奚其爲政？」

《憲問》：子張曰：「《書》云『高宗諒陰，三年不言』，何謂也？子曰：「何必高宗，古之人皆然，君薨，百官總己以聽於冢宰三年。」〔註72〕

從《論語》稱引《書》的情況來看，首先，《論語》引用《書》的方式只有一

〔註71〕劉起釪：《尚書學史》，中華書局，1989 年版，第 49～50 頁。
〔註72〕《論語注疏》，《文淵閣四庫全書》影印本，臺灣商務印書館。

種，即直稱「《書》云」。再次，從《論語》稱引《書》的內容來看，《爲政》篇的引文表達了孔子推行教化的一貫主張。《憲問》篇引文旨在說明天子諸侯居喪之禮。

2、《孟子》引書、論書共十七次：

《梁惠王上》：《湯誓》曰：「時日害喪，予及女偕亡。」

《梁惠王下》：《書》曰：「天降下民，作之君，作之師，惟曰其助上帝寵之四方，有罪無罪惟我在，天下曷敢有越厥志。」

《書》曰：「湯一征自葛始」，……《書》云：「徯我後，後來其蘇」。

《滕文公上》：《書》曰：「若藥不瞑眩，厥疾不瘳。」

《滕文公下》：《書》曰：「葛伯仇餉」。

《書》曰：「徯我後，後來其無罰」。「有攸不惟臣，東征，綏厥士女，匪厥玄黃，紹我周王見休，惟臣附於大邑周。」

《書》曰：「洚水警余」。

《書》曰：「丕顯哉，文王謨！丕承哉，武王烈！佑啓我後人，咸以正無缺。」

《泰誓》曰：「我武惟揚，侵於之疆，則取於殘，殺伐用張，於湯有光。」不行王政云爾。苟行王政，四海之內皆舉首而望之，欲以爲君，齊楚雖大，何畏焉？

《萬章上》：《堯典》曰：「二十有八載，放勳乃徂落，百姓如喪考妣。三年，四海遏密八音。」

《書》曰：「祇載見瞽瞍，夔夔齋栗，瞽瞍亦允若。」

《太誓》曰：「天視自我民視，天聽自我民聽。」

《伊訓》曰：「天誅造攻自牧宮，朕載自亳。」

《萬章下》：《康誥》曰：「殺越人於貨，閔不畏死，凡民罔不譈。」

《公孫丑上》、《離婁上》：《太甲》曰：「天作孽，猶可違。自作孽，不可活。」

　　《盡心下》：孟子曰：「盡信《書》，則不如無《書》。吾於《武成》，取二三策而已矣。仁人無敵於天下，以至仁伐至不仁，而何其血之流杵也？」〔註73〕

《孟子》稱引《書》共17次，首先，其所引內容只有一條為百篇《書序》外之逸文，其餘均存於今本《尚書》中。其次，《孟子》稱引書的方式，較之《論語》，有了新的變化。《孟子》除直接稱「《書》曰」外，還採用了稱引具體篇名的方式。

　　3、《禮記》引書較多，共三十一次

　　　　《文王世子》：《兌命》曰：「念終始典於學。」

　　　　《學記》：《兌命》曰：念終始典於學。

　　　　《兌命》曰：學學半。

　　　　《兌命》曰：「敬孫務時敏，厥修乃來。」

　　　　《坊記》：《君陳》曰：「爾有嘉謀嘉猷，入告爾於內，女乃順之於外曰此謀此猷，惟我君之德。於乎是惟良顯哉！」

　　　　《大誓》曰：「予克紂，非予武，惟朕文考無罪；紂克予，非朕文考有罪，惟予小子無良。」

　　　　高宗云：「三年其惟不言，言乃歡。」

　　　　《書》云：「厥辟不辟，忝厥祖。」

　　　　《表記》：《甫刑》曰：「敬忌而罔有擇言在躬。」

　　　　《大甲》曰：「民非后無能胥以寧；后非民無以辟四方。」

　　　　《甫刑》曰：「德威惟威，德明惟明。」

　　　　《緇衣》：《甫刑》曰：「苗民匪用命，制以刑，惟作五虐之刑曰法。」

　　　　《甫刑》曰：「一人有慶，兆民賴之。」

　　　　《尹吉》曰：「惟尹躬及湯，咸有一德。」

　　　　《康誥》曰：「敬明乃罰。」

　　　　《甫刑》曰：「播刑之不迪。」

〔註73〕《孟子正義》，焦循撰，中華書局，1987年版。

《君陳》曰：「未見聖，若己弗克見；既見聖，亦不克由聖。」

《大甲》曰：「毋越厥命以自覆也；若虞機張，往省括於厥度則釋。《兌命》曰：惟口起羞，惟甲胄起兵，惟衣裳在笥，惟干戈省厥躬。」

《大甲》曰：「天作孽，可違也；自作孽，不可以逭。」

《尹吉》曰：「惟尹躬天，見於西邑；夏自周有終，相亦惟終。」

《君雅》曰：「夏日暑雨，小民惟曰怨，資冬祁寒，小民亦惟曰怨。」

《君陳》曰：「出入自爾師虞，庶言同。」

《君奭》曰：「昔在上帝，周田觀文王之德，其集大命於厥躬。」

《兌命》曰：「爵無及惡德，民立而正事。純而祭祀，是爲不敬；事煩則亂，事神則難。」

《大學》：《康誥》曰：「克明德。」

《大甲》曰：「顧諟天之明命。」

《帝典》曰：「克明峻德。」

《康誥》曰：「作新民。」

《康誥》曰：「如保赤子。」

《康誥》曰：「惟命不於常。」

《秦誓》曰：「若有一個臣，斷斷兮無他技，其心休休焉，其如有容焉。人之有技，若己有之；人之彥聖，其心好之，不啻若自其口出。實能容之，以能保我子孫黎民，尚亦有利哉！人之有技，媢疾以惡之；人之彥聖，而違之，俾不通。實不能容，以不能保我子孫黎民，亦曰殆哉！」〔註74〕

《禮記》一書稱引《尚書》的次數非常多。首先，其所引《尚書》均在今本《尚書》之內，沒有百篇《書序》外之逸書。其次，其稱引《尚書》的方式以稱引具體篇目名稱爲主，只有一處是直接稱引「《書》曰」。再次，《禮記》所引《尚書》的部分內容的具體文字與今本《尚書》略有差異，較之今

〔註74〕 《禮記正義》，《文淵閣四庫全書》影印本，臺灣商務印書館。

本《尙書》更爲明白曉暢。

4、郭店楚簡《緇衣》、《成之聞之》篇引書情況

郭店楚簡 1993 年 10 月自湖北省荊門市郭店一號楚墓出土，其中部分竹簡爲儒家典籍，作者極有可能是孔子之孫子思。故將郭店楚簡中屬儒家典籍的篇章的引《書》情況列在此處，一併進行分析。

簡本《緇衣》第 5 簡引《尹棥》云：「隹尹身及湯，咸又一悥。」

簡本《緇衣》第 9 ─ 10 簡引《君𦣞》云：『日居雨，少民隹曰悁，瞀冬旨滄，少民亦隹曰瞀悁。」

簡本《緇衣》第 13～14 簡引《邵坣》云：「一有人慶，蓳民瞞之。」

簡本《緇衣》第 19 簡引《君迪》云：「末見聖，如亓弗克見。我既見，我弗迪聖。」

簡本《緇衣》第 26～27 簡引《邵坣》云：「非甬㹠，折以坣，隹作五瘧之坣曰法。」

簡本《緇衣》第 28～29 簡引《康棥》云：「敬明乃罰。」

簡本《緇衣》第 29 簡引《呂坣》員：「翿坣之迪」

簡本《緇衣》第 36～37 簡引《君奭》云：「昔才上帝，戠紳觀文王德，其集大命於氒身。」

簡本《緇衣》第 39 ─ 40 簡引《君迪》員：「出内自介幣於，庶言同。」

簡本《成之聞之》第 22 簡引《君奭》曰：「唯伬不嬰𠭯悥」

簡本《成之聞之》第 25 簡引《詔命》曰：「允幣淒悥。」

簡本《成之聞之》第 29 篇引《君奭》曰：「襄我二人，毋又合才音」

簡本《成之聞之》第 33 簡引文「大禹曰『余才尼天心』」

簡本《成之聞之》第 38～39 簡引《康棥》曰：「不還大暊，文王作罰，型丝亡悬。」〔註75〕

《緇衣》爲《禮記》中之一篇，簡本《緇衣》與《禮記·緇衣》所稱引

的《尚書》部分內容在文字上存在一定的差異，當是文獻在傳抄過程中所造成的。但兩者稱引《尚書》的情況卻基本一致。首先，郭店楚簡稱引《尚書》所採用的方式也是稱引具體篇目名稱，只有《成之聞之》中的一條逸文例外。其次，楚簡所引用的《尚書》中的內容，除兩條為百篇《書序》外之逸文，其餘都見於今本《尚書》。

5、《荀子》引書十四次：

《修身》、《天論》：《書》曰：「無有作好，遵王之道，無有作惡，遵王之路」。

《王制》：《書》曰：「維齊非齊」。

《富國》：《書》曰：「乃大明服，惟民其力懋，和而有疾」。

《康誥》曰：「弘覆乎天，若德裕乃身。」

《君道》：《書》曰：「惟文王敬忌，一人以擇」。

《書》曰：「先時者殺無赦，不逮時者殺無赦」。

《臣道》：《書》曰：「從命而不拂，微諫而不倦，為上則明，為下則遜。」

《致士》：《書》曰：「義刑義殺，勿庸以即，女惟曰『未有順事』。」

《宥坐》：《書》曰：「義刑義殺，勿庸以即，予維曰未有順事。」

《正論》：《書》曰：「克明明德。」

《書》曰：「刑罰世輕世重。」

《君子》：《書》曰：「凡人自得罪。」

《堯問》：其在中蘬之言也，曰：「諸侯自為得師者王，得友者霸，得疑者存，自為謀而莫己若者亡」。

《議兵》：故《泰誓》曰：『獨夫紂。』〔註76〕

《荀子》稱引《書》的方式以直接稱「《書》曰」為主，偶有稱引具體篇目名稱者。而其所稱引的內容也均保存於今本《尚書》中，沒有百篇《書序》外之逸篇。

〔註76〕 《荀子集解》，（清）王先謙，中華書局，1988年版。

通過對以上孔子及孔門弟子所作典籍的引《書》情況的分析，我們能夠總結出他們的引書具有以下特點：

首先，諸書引用《尚書》的形式具有一致性。或稱《書》曰，或直引篇名。而沒有像《左傳》、《國語》、《墨子》等書中引書時稱《夏書》、《商書》、《周書》等。這種引用形式上的一致性透露出《書》的形態的一致性，說明《尚書》確實作爲教本在孔門弟子中得到有序的傳承。

其次，諸書中所引《尚書》文字極少出於逸書。就我們所列條目來看，僅《孟子》、楚簡《成之聞之》中有三條不見於今本《尚書》。這與其他先秦典籍中多有百篇《書序》外之逸文出現的狀況形成了鮮明的差異。

綜合以上兩點，我們能夠推斷出今本《尚書》當是經由孔子手定，用以授徒，被孔門弟子傳承下來的一個版本。但孔子之後，儒家學派內部也分爲多個不同的學派。學界多認爲儒家中有思孟一派，他們在思想傳承、學術傳統、學術傾向顯示出了一些共同的特徵和傳承發展的軌迹。

就目前所掌握的材料來看，我們認爲今本《尚書》的傳承與思孟學派關係最爲密切。

1993 年 10 月，湖北省荊門市郭店一號楚墓出土了 804 枚楚簡，主要是儒、道兩家著作。經過整理，其中儒家著作計有十種，即《緇衣》、《五行》、《成之聞之》、《尊德義》、《性自命出》、《六德》、《魯穆公問子思》、《窮達以時》、《唐虞之道》、《忠信之道》，另有《語叢》若干，題目多爲整理者所題。〔註 77〕許多學者傾向於認爲它們很可能是子思及其弟子之作，並因其中的《緇衣》、《五行》、《魯穆公問子思》三篇，進一步認爲這一系列作品很有可能就是《漢書・藝文志》中所著錄的佚書《子思子》。

《漢書・藝文志》中著錄《子思子》二十三篇，但未錄篇目。《史記・孔子世家》：「子思子作《中庸》」。〔註78〕《隋書・經籍志》稱「《子思子》七卷」，〔註 79〕《隋書・音樂志上》引沈約語：「《中庸》、《表記》、《坊記》、《緇衣》皆取自《子思子》」。〔註80〕據蔣伯潛考證，《文選注》中所引的《子思子》中有一條見於今本《緇衣》；《太平御覽》中所引《子思子》中有兩條見於今本

〔註77〕 《郭店楚墓竹簡》，文物出版社，1998 年版。
〔註78〕 《史記》，中華書局，1959 年版。
〔註79〕 《隋書》，《四部備要》，中華書局，1989 年版，第 22 冊。
〔註80〕 《隋書》，《四部備要》，中華書局，1989 年版，第 22 冊。

《緇衣》。〔註81〕這可作爲子思作《緇衣》之佐證。

由《荀子·非十二子》：「略法先王而不知其統，猶然而材劇志大，聞見雜博，案往舊造說，謂之五行。甚僻違而無類，幽隱而無解，案飾其辭而祇敬之，曰此眞先君子之言也。子思唱之，孟軻和之，世俗之溝猶瞀儒，嚾嚾然不知其所非也，遂受而傳之，以爲仲尼、子游爲茲厚於後世，是則子思、孟軻之罪也。」〔註82〕可知，子思與「五行」學說的密切關係。1973 年長沙馬王堆漢墓中出土的帛書中有《五行》篇，有經有傳。此次郭店楚簡中《五行》純爲經文，與《緇衣》等篇同出於楚墓，這表明《五行》經文極有可能爲子思所作。

許多學者從《緇衣》、《五行》篇與子思的密切關係出發，從多個角度對這批竹簡進行研究，認爲郭店楚簡中儒家著作的十篇多爲子思一系的作品，尚待確定者惟具體的篇目而已。〔註83〕

漢代學者多認爲孟子係子思之後學門人。或以爲孟子師事子思，直接受業於子思，如劉向、班固；或以爲孟子爲子思之再傳弟子，受業於子思之門人，如司馬遷等。依據史籍中所載兩人的生平進行考察，子思與孟子兩人時不相及，孟子親受子思教誨的可能性應該是不存在的，應該是子思的一位門人的弟子。從《禮記》、楚簡、《孟子》的引書狀況來看，思孟一派對於《書》高度重視，稱引頻率較高。且一，其引書形式具有高度的一致性，顯示出一致的學術傾向與學術習慣。二，其所引《尚書》之內容百分之九十以上都見於今本《尚書》，罕有逸文。這兩點將其與其他儒家典籍的引《書》區分開來。因此，我們認爲今本《尚書》的傳承與思孟學派有著最爲密切的關聯。

二、《尚書》與早期儒家道統關係考

熊十力先生在《略說六經大義》一文中曾經指出：「余以爲《尚書》一經之骨髓，當求之《論語》，《孟子》亦須參證。古者書三千二百四十篇，孔子刪定，斷從堯典始，蓋以二帝三王，治起衰亂之中，闢草昧而進文明，其行事足爲後世法。二帝，堯、舜；三王，夏禹、商湯、周文王、武王也。……

〔註81〕蔣伯潛：《諸子通考》，浙江古籍出版社，1985 年版。

〔註82〕《荀子集解》，王先謙撰，新編諸子集成（第一輯），中華書局，1988 年版。

〔註83〕李學勤：《荊門郭店楚簡中的〈子思子〉》，《中國哲學》第 20 輯《郭店楚簡研究》。

故《論語》盛稱堯、舜、禹、湯、文、武、周公之德，《孟子》亦然。……而《中庸》云：『仲尼祖述堯、舜』舉二帝，即攝禹湯。禹湯承二帝之道者也。『憲章文武』，言文武，即攝周公。文、武、周三聖根本精神，自承禹湯。……則《書經》專紀二帝三王之行事，以明道統治統之傳授，其極重要可知。後之人，欲尋儒家血脈，不得不注意於斯經。然儒學淵源，固當求之《書》。」〔註84〕

　　以孔子爲代表的早期儒家學者崇尙先王之道，效法古代聖王，「祖述堯舜，憲章文武」，〔註85〕這在他們所編訂的《尙書》中得到了很好的體現。正如熊十力先生所指出的，二帝三王以及包括皋陶、益稷等在內的賢君名臣的言行是《尙書》所收錄的主要內容，也是《論語》、《中庸》、《孟子》等書所共同稱頌立爲後世法的楷模，儒家學者據此來申說其道德主張，彰顯大義之所在，是儒家道統之源頭所在。譬如《中庸》有云：「凡爲天下國家有九經，曰：修身也，尊賢也，親親也，敬大臣也，體群臣也，子庶民也，來百工也，柔遠人也，懷諸侯也。修身則道立，尊賢則不惑，親親則諸父昆弟不怨，敬大臣則不眩，體群臣則士之報禮重，子庶民則百姓勸，來百工則財用足，柔遠人則四方歸之，懷諸侯則天下畏之。」〔註86〕所列九經，均可於《尙書》中尋其源頭。《尙書》是他們所取法的根本，是其道德主張的基礎所在。《尙書大傳》記孔子言曰：「六誓可以觀義，五誥可以觀仁，《甫刑》觀誡，《洪範》可以觀度，《禹貢》可以觀事，《皋陶謨》可以觀治，《堯典》可以觀美。」〔註87〕作爲上古三代的歷史記錄和政治文獻，《尙書》對於儒家之外的學者而言，或許只是先王之陳迹。然而以孔子爲代表的儒家出於對上古三代文明的認同，卻將其視之爲其政治理想的具體體現與現實證明，並通過對其進一步的詮釋，將歷史陳述與理念闡發合而爲一，歷史陳迹與儒家學者先驗存在的內心理想進行了更純粹的呼應，從而使《尙書》成爲指導儒家社會實踐的法綱和社會政治與理想人格的完美範本。

　　《尙書》一經專紀二帝三王之行事，乃爲儒家之源，究其道統治統之根底，惟「中」而已矣。《洪範》爲治世之大法，篇中箕子所言之「九疇」其五爲「建用皇極」。皇，大。極，中也。極訓爲中，乃是常訓，並無異議。故此

〔註84〕熊十力：《讀經示要》，《熊十力別集》，中國人民大學出版社，2006 年版。
〔註85〕《禮記正義》，《文淵閣四庫全書》影印本，臺灣商務印書館。
〔註86〕朱熹：《四書集注》，《文淵閣四庫全書》影印本，臺灣商務印書館，第 197 冊。
〔註87〕陳壽祺輯，《尚書大傳》，四部叢刊本。

治世大法中的「次五建用皇極」之意即為立事當用大中之道。考察《尚書》全書，凡涉及如何統治與用民的篇章幾乎均提出了「中」這一概念。試舉幾例如下：

> 《大禹謨》：「期於予治，刑期於無刑，民協於中，時乃功，懋哉！」

> 《仲虺之誥》：「王懋昭大德，建中於民，以義制事，以禮制心，垂裕後昆。」

> 《盤庚中》：「汝分猷念以相從，各設中於乃心。」

> 《酒誥》：「丕惟曰，爾克永觀省，作稽中德。」

> 《蔡仲之命》：「懋乃攸績，睦乃四鄰，以蕃王室，以和兄弟，康濟小民。率自中，無作聰明亂舊章。」

> 《君牙》：「爾身克正，罔敢弗正，民心罔中，惟爾之中。」

〔註88〕

《仲虺之誥》是希望王能夠自勉，以明大德，從而立大中之道於民。《酒誥》是周公命康叔在衛國宣佈戒酒的誥詞，告誡衛國臣民當時刻遵從祖宗所總結的諸多經驗與行事準則，期間更諄諄囑之：你們一定要永久地審視自己，使自己能夠合乎中正之美德。即上所引「作稽中德」。《蔡仲之命》明言作為一國的君主，應該與四鄰和睦，與同姓諸侯相親，使黎民安居樂業。而想要做到這一切的關鍵，一言以蔽之就是「率自中」，即行事要依循中正之道。唯有如此，國家方能長治久安。由此可見《尚書》所始終提倡的治世之機要正是所謂「中正之道」。所謂「凡所立事，王者所行皆是，無得過與不及，常用大中之道。」〔註89〕「中」乃是二帝三王以及他們的後繼者所奉行的終極法則。只有奉行了這一法則，才能稱得上是有盛德之人，達到一個理想的境界。這一思想被孔子很好地總結並傳承了下去，最終發展成為儒家思想的精義。

《論語・堯曰第二十》：「堯曰：『咨！爾舜！天之曆數在爾躬，允執其中。四海困窮，天祿永終。』舜亦以命禹⋯⋯」〔註90〕孔子在這裡可謂一語道破了二帝相傳之心法的關鍵所在，即「執其中」。執，持也。中，無過不及之稱。「執其中」正是《尚書》所謂「行中正之道」。也即是《周禮》所

〔註88〕 《尚書正義》，《文淵閣四庫全書》影印本，臺灣商務印書館。
〔註89〕 《尚書正義》，《文淵閣四庫全書》影印本，臺灣商務印書館。
〔註90〕 《論語注疏》，《文淵閣四庫全書》影印本，臺灣商務印書館。

謂「以爲民極」。〔註91〕發展到《中庸》，這一思想觀點的眞理性與終極性
得到了極大程度的確立。從《尚書》的「行中正之大道」到孔子的「執其中」
再到《中庸》的「中庸其至矣乎！」這一思想觀點從最初的治世之法，君主
之至德發展開來，並最終成爲了人們達到理想人格的終極途徑與最高行爲準
則。子思一派的嫡傳弟子孟子對此亦有清醒的認識，《孟子・離婁下》有「湯
執中」語，〔註92〕且在《孟子》一書裏「中」已經被作爲一個意義更爲鮮
明與完備的概念來使用，所謂「中也養不中」即是一例。至宋儒，此已成爲
天下之至理。程子曰：「中者，天下之正道。庸者，天下之定理。」朱熹亦
曰：「中庸者，不偏不倚，無過不及，而平常之理，乃天命所當然，精微之
極致也。唯君子爲能體之，小人反是。」〔註93〕而這一思想的根源正在於
《尚書》，其相承之脈絡，清晰可尋。

　　「德」是我國傳統思想中最爲重要的概念之一。我國最早的一批文獻裏
都或多或少提出了自己對「德」的看法，並對「德行」體系進行了不同程度
的概括。就《尚書》而言，關於「德行」的概括有二種。分別爲「四德」、「九
德」、「三德」說。謹列舉如下：

　　　　《虞夏書・堯典》：「帝曰：『夔！命汝典樂，教胄子，直而溫，
　　寬而栗，剛而無虐，簡而無傲。』」

　　　　《虞夏書・皋陶謨》：「皋陶曰：『都！亦行有九德。亦言，其
　　人有德……』禹曰：『何？』皋陶曰：『寬而栗，柔而立，願而恭，
　　亂而敬，擾而毅，直而溫，簡而廉，剛而塞，強而義。』」

　　　　《周書・洪範》：「箕子曰『……次六曰乂用三德……六、三德：
　　一曰正直，二曰剛克，三曰柔克。』」〔註94〕

對以上引文加以分析可以見出各篇所謂的「四德」、「九德」、「三德」之間具
有內在的統一性。《洪範》的「三德」其實可以看作是對《皋陶謨》「九德」
的概括。在這裡《尚書》從不同方面對人的「德行」進行了基本的規定與描
述。一，正直而溫和，寬大而謹慎，剛毅而不粗暴，簡約而不傲慢；二，性
格寬宏大量而有謹慎其行，性情溫和而又能獨立不移，有治世之才而又行事

〔註91〕　《周禮注疏》，《文淵閣四庫全書》影印本，臺灣商務印書館。
〔註92〕　《孟子注疏》，《文淵閣四庫全書》影印本，臺灣商務印書館。
〔註93〕　朱熹：《四書集注》，鳳凰出版社，2005年版。
〔註94〕　《尚書正義》，《文淵閣四庫全書》影印本，臺灣商務印書館。

恭謹細緻，柔和溫順而又能有所堅毅，具耿直之氣又能溫和處世，寬大率略又能於細節上不苟，為人剛正而內在充實，堅強不屈同時又符合道義；三，三種德性，正直、過分剛強與過分柔弱。而所謂正直者，就是中正平和，不剛不柔。

《尚書》中的「德行」體系尚不完備，但其中的若干要素卻被孔子及其學生所吸收，並進行了進一步地發揮。《論語·述而》：「子溫而厲，威而不猛，恭而安。」〔註95〕言孔子體貌溫和而能嚴正，儼然人望而畏之而無剛暴，雖為恭孫而能安泰。《論語·子張》：「君子有三變，望之儼然，即之也溫，聽其言也厲。」〔註96〕言唯君子，人遠望之則正其衣冠，尊其瞻視，常儼然也；就近之則顏色溫和，及聽其言辭，則嚴正而無佞邪。及至《論語·鄉黨》篇描寫夫子種種及郭店楚墓竹簡《六德》篇對於「聖、智、仁、義、忠、信」之敘述更可見出孔子及其學生所倡導的君子人格和道德風範與《尚書》中對「德行」的描述無不若合符節。且不論他們在具體表述上的相同之處。僅就其內在的思想方法與傾向而言，《尚書》在概括所謂「四德」、「九德」、「三德」時所反映出的「過猶不及」，執其兩端而用其中的思想都與其後孔子及其門人所確立的「中庸之道」體現出了內在的一致性。儒家的道德思想體系脫胎於《尚書》亦已明矣。

儒家十分注重個人的自我修養和道德自律，修身思想是儒家學說中的一個重要組成部分。他們把修身作為實現人生價值和達到人格完善的重要手段和途徑。同時是一切自我發展的基礎，是為政之本，治國之本。孔子嘗言，「修己以敬」、「修己以安人」、「修己以安百姓」；孟子也從他的「性善論」出發，提出了一整套「盡心」、「求放心」的修己思想；《中庸》也將「修身」列為國之九經之首。而這一思想也受到《尚書》的影響。《尚書·皋陶謨》所記載的是舜與大禹、皋陶的討論談話，涉及到修身養德、順天應人等許多治國安民的根本道理，其討論的重點在於知人善任、安民之舉。而這一系列主張的出發點則是修身。《皋陶謨》曰：

　　曰若稽古。皋陶曰：「允迪厥德，謨明弼諧。」

　　禹曰：「俞，如何？」

　　皋陶曰：「都！慎厥身，修思永。惇敘九族，庶明勵翼，邇可遠，在

〔註95〕　《論語注疏》，《文淵閣四庫全書》影印本，臺灣商務印書館。
〔註96〕　《論語注疏》，《文淵閣四庫全書》影印本，臺灣商務印書館。

茲。」〔註97〕

皐陶爲帝謀曰：「爲人君者當信實蹈行古人之德，而謀廣其聰明之性，以輔諧己之政事，則善矣。」禹帝詢問如何能做到這一點時，皐陶所給出的答案是「愼厥身，修思永」，意爲愼修其身，思爲長久之道。謹愼修身，並長久不懈地堅持下去。只有堅持這一點，才能進一步使九族寬厚順從，使賢人勉力輔佐。皐陶明確地指出，由近及遠的推行教化，施行德政，其基點乃在於修身。由修己至九族再至遠人。《中庸》爲子思憂道學之失其傳所作，其中所舉國之九經，以修身爲根本出發點，修身──尊賢──親親──敬大臣──體群臣──子庶民──來百工──柔遠人──懷諸侯，並其言君子不可以不修身，思修身，不可以不事親，思事親，不可以不知人，思知人，不可以不知天，所秉承的正是《皐陶謨》中之思路。

不少學者也看到了《尚書》中諸多篇章，比如《皐陶謨》中所顯示的思想主張，內在的思維邏輯與儒家思想有許多相同或者相通之處，因而認爲《堯典》、《皐陶謨》等篇章的寫成年代很晚。顧頡剛認爲《尚書》中的《堯典》、《皐陶謨》、《禹貢》三篇的寫定當在春秋和戰國時候（初寫在春秋，寫定在戰國）。郭沫若因看到《中庸》等篇與《皐陶謨》內在思想的高度一致性而明確提出《皐陶謨》出自子思之手。〔註98〕包括郭沫若、蔣善國等在內的學者認爲《皐陶謨》中所提出的種種觀點乃是受儒家執其兩端而用其中的中庸思想的影響而寫成的，認爲《皐陶謨》中所顯示的人格發展的階段、天人一致觀的表現以及折衷主義的倫理都應當在儒家出現之後。

但是近年來很多學者對《尚書》中《堯典》、《皐陶謨》等篇的眞實性和寫成年代做了更爲深入的研究。金景芳、呂紹剛先生對《尚書‧虞夏書》進行分析，進行思想史上的梳理，認爲其中記載的堯、舜、禹、皐陶之事迹基本可信。〔註99〕王國維先生在《古史新證》中認爲《皐陶謨》「至少亦必爲周初人所作」。〔註100〕李學勤在《西水坡「龍虎墓」與四象的起源》一文中說：「《尚書‧堯典》篇中主要內涵可與甲骨刻辭四方風名印證，有古遠的淵源。

〔註97〕《尚書正義》，《文淵閣四庫全書》影印本，臺灣商務印書館。
〔註98〕郭沫若：《中國古代社會研究》，《郭沫若全集》歷史編第一卷，人民出版社，1982年版，第90～96頁。
〔註99〕金景芳，呂紹剛：《〈尚書新解〉序》，見《〈尚書‧虞夏書〉新解》，遼寧古籍出版社，1996年版。
〔註100〕王國維：《古史新證》，清華大學出版社1994年影印本。

其所述四中星，據近年學者推算，頗能與唐虞時期符合，有天文學史方面著作推測『其上下限當在距今 3600 年到 4100 年之間』（這是說它開始形成的年代）。」〔註101〕可知《堯典》的寫作時間應當很早。

就目前的研究來看，諸篇的確切寫成時間依然難以最終確定，但至少是不晚於孔子的。因此我們認爲郭沫若等學者對於《尚書》與早期儒家學者思想之間關係的認識是一種邏輯順序上的錯置，其結果自然難免本末倒置。

通過我們的分析可知，今本《尚書》顯然爲孔子向孔門弟子進行講授，被孔門後學所傳承下來之《書》。其中寄寓了早期儒家對聖王政治、人生義理的理解，體現著他們的思想傾向。

第三節　《逸周書》的成書及性質

《逸周書》原名《周書》，最早見錄於《漢書・藝文志》，列於《尚書》類，其書云：「《周書》七十一篇。周史記。」顏師古注曰：「劉向云『周時誥誓號令也，蓋孔子所論百篇之餘也』。今之存者四十五篇矣。」〔註102〕或曰「今之存者四十五篇」亦爲劉向之語，然觀顏師古注《漢書・蕭何傳》云：「《周書》者，本與《尚書》同類，蓋孔子所刪百篇之外，劉向所奏有七十一篇。」〔註103〕可知劉向所見《周書》之本爲七十一篇，而至顏師古所見《周書》僅存四十五篇。師古做注所述，或本諸《別錄》。

關於《逸周書》的成書與性質歷來眾說紛紜，雖《漢志》論其爲仲尼刪書之餘，列入《尚書》類，但後之學者卻持不同的看法。

謝墉《刊盧文弨校定逸周書序》云：「愚謂是書文義酷似《國語》，無疑周末人傳述之作。其中時涉陰謀如《寤敬》之歎謀泄，《和寤》之記圖商多行兵用武之法，豈即戰國時所稱太公陰符之謀。與時蓋周道衰微史臣掇拾古訓以成此書。始於文武而終於穆王、厲王也」。〔註104〕

李燾《傳寫周書跋》則認爲此書爲「戰國處士私相綴續」。〔註105〕陳振孫《書錄解題》曰：「相傳以爲孔子刪書所餘，未必然也。文體與古書不類，

〔註101〕李學勤：《走出疑古時代》，遼寧大學出版社 1994 年版，第 147 頁。
〔註102〕《漢書》，《四部備要》，中華書局，1989 年版。
〔註103〕《漢書》，《四部備要》，中華書局，1989 年版。
〔註104〕《逸周書》，孔晁注，元至正十四年(甲午)嘉興路學宮刊本。
〔註105〕《逸周書》，孔晁注，順德龍氏知服齋本。

似戰國後人仿爲之者」。〔註106〕朱右曾則以爲此書「上翼六經，下籠諸子，宏深質古」，「雖未必果出文武周召之手，要亦非戰國秦漢人所能僞託」。〔註107〕

近代學者陳夢家認爲「此書乃劉向據舊本傳記，輯輯而成，有意編爲七十篇，又仿《尚書序》作《書序》一篇，以求與二十九篇《尚書》合爲百篇」。〔註108〕

今人黃懷信認爲「71 篇之書，當係周人於孔子刪《書》之後，取其所刪除不錄者，以及傳世其他周室文獻（如《左傳》所引《周志》之類），又益以當時所作（如《太子晉》等），合爲 70 篇，又依《書》之體，按時代進行編次，再仿《書序》作《序》1 篇，合訂而成。其時代大約在晉平公卒後的周景王之世」。〔註109〕

羅家湘則以爲，《周書》之前有《周志》，《周志》乃春秋早期晉國史官所編的政治教科書。三家分晉後，「魏自視爲晉之遺產的直接繼承人」，因而，《逸周書》「彙集了《周志》、孔子刪《書》之餘以及流行於戰國初期的一些兵書、禮書等。它是魏國人繼承周、晉遺產而編成的政治讀本，是魏人爲代晉繼周統一天下所作的文化準備」。《周志》與《尚書》之餘等文獻合編爲《周書》是在魏文侯時期。〔註110〕

對於這一問題，諸家學者之所以各持一論，乃是在於《逸周書》一書的文體與內容相較於《尚書》要複雜很多，流傳過程中所出現的問題也比較多。而清華簡所存《祭公之顧命》、《程寤》、《皇門》三篇的出現，更引發了學者對於《逸周書》的成書與性質的進一步思考。對此我們必須進行全面審慎的分析。本節我們將對這一問題進行分析和闡述。

一、《逸周書》之成書

我們現在無緣得見先秦時《逸周書》的具體面貌，那麼要想對它的性質與成書有一個準確的判斷，就要借助於曾稱引過《逸周書》的先秦兩漢典籍。

先秦兩漢時曾經稱引過《逸周書》的典籍有《左傳》、《墨子》、《禮記》、《戰國策》、《穀梁傳》、《韓非子》、《呂氏春秋》、《史記》、《漢書》、《潛夫論》、

〔註106〕陳振孫：《直齋書錄解題》，上海古籍出版社，1987 年版。
〔註107〕朱右曾：《逸周書集訓校釋》，《皇清經解續編》本。
〔註108〕陳夢家：《尚書通論》，中華書局，2005 年 6 月，第 291 頁。
〔註109〕黃懷信：《〈逸周書〉時代略考》，《古文獻與古史考論》，齊魯書社 2003 年版。
〔註110〕羅家湘：《逸周書研究》，上海古籍出版社，2006 年版。

《中論》《說文解字》等。羅家湘《逸周書研究》中有「先秦兩漢典籍引文文字與《逸周書》原文對照表」，將先秦兩漢典籍引用《逸周書》之文與原文一一排列比對，〔註111〕做了細緻的工作，但其表未能將先秦兩漢典籍中稱引《逸周書》之處悉數盡錄。筆者在羅表的基礎上，進行了補正，製成一個新表。通過此表我們可以對先秦兩漢典籍稱引《逸周書》的狀況有一個較為直觀和全面的認識（見附表一）。從這個表中我們可以看到先秦兩漢典籍在稱引《逸周書》時出現的一些值得注意的現象，對此，我們將進一步分析。

　　首先，先秦各典籍對《逸周書》的稱謂不盡相同，甚至在同一部典籍中稱引《逸周書》時對其的稱謂也不一致。《墨子》、《戰國策》、《呂氏春秋》、均將其稱為《周書》。而《左傳》、《韓非子》卻對其有不同的稱謂，並且，兩部典籍自身對於《逸周書》的稱謂也不一致。

　　《左傳》稱引《逸周書》三處，分別為：

　　　　《左傳》文公二年：「周志有之：『勇則害上，不登於明堂』」。

　　　　《左傳》襄公十一年：「《書》曰：『居安思危。』」

　　　　《左傳》襄公二十五年：「《書》曰：慎始而敬終，終以不困」。

　　　〔註112〕

　　《韓非子》引《逸周書》兩次，分別為：

　　　　《韓非子·難勢》：「故《周書》曰：毋為虎傅翼，將飛入邑，擇人而食之。」

　　　　《韓非子·說疑》：「故《周記》曰：無尊妾而卑妻，無尊適子而尊小枝，無尊嬖臣而匹上卿，無尊大臣以擬其主也。」〔註113〕

《左傳》三次稱引《逸周書》，兩次徑稱「《書》曰」，一次稱之為「周志」。《韓非子》則稱其為《周書》與《周記》。也就是說，今本《逸周書》在先秦時共有四個不同的稱謂，分別是《書》、《周書》、《周志》和《周記》。

　　至西漢時期，各典籍對其的稱謂已經趨於一致，《史記》諸書均稱其為《周書》。而至東漢許慎作《說文解字》始見《逸周書》之名。其中比較特殊的一個是漢魏間人徐幹所作的《中論》，其中曾引《逸周書·常訓》中的內容，稱其為「《書》曰」。需要注意的是，徐幹所引的內容，《左傳》襄公

〔註111〕 羅家湘：《逸周書研究》，上海古籍出版社，2006年版。

〔註112〕 《春秋左傳正義》，《文淵閣四庫全書》影印本，臺灣商務印書館。

〔註113〕 《韓非子集解》，《諸子集成》，上海書店，1986年影印本。

二十五年也曾經稱引過，並且也稱其爲「《書》曰」。不排除徐幹《中論》此語轉引自《左傳》的可能性。

　　先秦兩漢時期典籍稱引《逸周書》時所體現出的異名現象，顯示《逸周書》資料來源的多樣性，而以《周書》面貌出現的那部分資料當爲今本《逸周書》的資料主體部分。此外，《周志》、《周記》或許也是資料來源。《周志》之援引，在先秦兩漢典籍中僅此一見。志，記也。《隋書‧經籍志》：「諸侯史官，亦非一人而已，皆以記言書事，太史總而裁之，以成國家之典。不虛美，不隱惡，故得有所懲勸，遺文可觀，則《左傳》稱《周志》，《國語》有《鄭書》之類是也。」羅家湘認爲《志》作爲一種文體流行於春秋時代。《周志》的編成當在魯文公二年以前的春秋早期，其內容以文王、武王時期的訓誡言論爲主，其編輯目的是爲了救治亂世，挽救人心，復興王室，收文武之諸侯。〔註114〕

　　對於《逸周書》的主要資料來源——《周書》，我們認爲即是劉向所說的孔子刪書之餘的那部分篇章，確切說來，此部分材料應該是與《尚書》同源，與《虞書》、《夏書》等同爲上古三代政治文獻記錄。它們在先秦本屬原始「書」篇。因它們構成了今本《逸周書》的主體部分，故劉向依據它們的性質來爲整部《逸周書》（即劉向所稱的七十一篇《周書》）定性。也正因爲它們本屬《書》之序列，故《左傳》引今本《逸周書》中的《常訓》、《程典》兩篇時稱其爲「《書》曰」。由此也可看出在先秦，人們是將這部分材料和今本《尚書》中的材料同等看待的。

　　這一點在《禮記‧緇衣》篇的引《書》與引《逸周書》的情況中也能夠得到印證。《禮記‧緇衣》引《葉公之祭命》篇，即《逸周書》中的《祭公》。「葉」字在郭店楚簡《緇衣》篇中作「𦧒」字。李學勤先生認爲楚簡「𦧒」字從「彗」聲，與「祭」字音同；而「葉」字從「世」聲，從「世」聲的字與「祭」字韻同聲近，所以「𦧒」、「葉」都能與「祭」字通假。其說可信。《逸周書》的「祭」爲本字，「𦧒」、「葉」均爲借字。有學者對《禮記》和郭店楚簡稱引《詩》、《書》的體例進行研究，認爲作《緇衣》者是將《葉公之祭命》即《祭公》看作是《尚書》中的一篇來進行稱引的。〔註115〕而在新出之清華簡中《祭公之顧命》、《程寤》、《皇門》三篇，均見於今本《逸周

〔註114〕羅家湘：《〈逸周書〉的異名與編輯》，《西北師大學報》，2001 年 9。
〔註115〕黃震雲、黃偉：《郭店楚簡引〈書〉考》，《南陽師範學院學報》，2003 年 2 月。
　　　　廖名春：《郭店楚簡〈緇衣〉引〈書〉考》，《西北大學學報》，2000 年 2 月。

書》中，其竹簡形制與清華簡中屬《尚書》的諸簡形制相同。這說明至少在戰國中期以前，今本《逸周書》還未完全從《尚書》系統中剝離出來。《逸周書》中的大部分篇章在先秦本就屬於《書》這一系統。

對於這一點，西漢學者們有著清醒的認識，劉向據此爲七十一篇《周書》（即《逸周書》）定性，並將其劃入《書》類。司馬遷也在撰寫《史記》之時數引此書，將其視爲與《尚書》一樣的史料來對待和使用。他在記述武王伐商、洛邑營建等事件時所採用的素材大部分都來自於《逸周書》中的相關篇章。而《史記》全書直接引用《逸周書》內容的也有數處。

不僅如此，我們認爲在傳承過程中，兩書所存篇目有一些還出現了交叉的現象，也就是說本屬《尚書》的一些篇目保存在了《逸周書》之中。上所述《緇衣》所引《祭公》一篇即當屬此類。《緇衣》出於《子思子》，爲孔子之孫子思所作。而作爲孔子嫡孫，子思引《書》當不致有誤。他在《緇衣》裏把《祭公之顧命》當作《書》來稱引，說明此篇確爲孔子所整理的《書》的逸篇，保存在《逸周書》中。甚至有學者據此認爲《古文尚書》百篇未失，多保存在後世的不同版本中，而《逸周書》當屬《古文尚書》。〔註116〕此當爲古籍在長時期授受傳抄過程中所造成的，因兩書之間的緊密關聯，出現這種狀況的可能性應該是非常大的。這並不能改變《逸周書》的主體內容爲孔子刪書之餘的觀點。

基於以上分析，我們認爲《逸周書》是以孔子整理之《書》外的原始「書」篇爲主體，吸收了《周志》等材料後集結而成的一部先秦典籍。《逸周書》中有《周書序》，此篇當是編定《逸周書》者在編次諸篇時所作。黃懷信對《周書序》進行分析後指出：「觀其文字，略無戰國紛爭形勢的體現，能夠體察到的，只是一種周王室雖已衰微、但又未完全卑弱的時代風貌。」他還結合《逸周書》中的相關內容並通過對《國語》、《史記》中記載的周朝歷史的分析，認爲《序》文當作於周景王末世（前532～前520）。〔註117〕

我們認爲黃懷信的這種分析是合理的。因爲從先秦典籍稱引《逸周書》的情況來看，在周景王末世之前的典籍，對《逸周書》的稱謂比較混亂。顯示出《逸周書》其時尚未得到較好的整理和編輯。而之後的典籍如《韓非子》、

〔註116〕劉俊男：《〈古文尚書〉與〈逸周書〉源流考》，《山東師範大學學報》，2003年2月。
〔註117〕黃懷信：《〈逸周書〉時代略考》，《古文獻與古史考論》，齊魯書社，2003年版，第75～78頁。

《戰國策》等對《逸周書》的稱謂則漸趨於統一，顯示出當時《逸周書》應該已經經過編輯，有了一個比較完備的本子。

當然，《逸周書》中文獻的情況比較複雜，在傳承過程中，部分篇章有後人附益之處，有些篇章或經後人拆分。對這些要具體篇章具體分析。

二、《逸周書》與《尚書》的分離

如前所述，《逸周書》中的主體內容乃是孔子所不取的原始「書」篇。那為什麼保存在《逸周書》中的這部分內容會被孔子整理《書》時排除在外呢？又為什麼在後世漸被學者從《尚書》序列中剔除出去了呢？我們認為造成這種結果的原因可從兩方面進行分析，即文體與內容。孔子在整理《書》時，是有著一個清晰的標準的，一要於內容相符，能夠體現賢君明主之德行，為萬世行事之準則。二為方便教學，文體體例上要統一。

首先，文體方面，《尚書》中所保存的多為「記言」之文，其文體基本不外乎「典、謨、訓、誥、誓、命」六體。所述內容以君主所發佈的政令、君臣間的議政和訓誡之辭為主。而《逸周書》中所包含的文體較《尚書》要豐富得多，這與《尚書》諸篇的文體特徵有異。

《逸周書》中有一部分篇章的文體基本可與《尚書》中之六體對照得以確定。羅家湘曾將兩書中之篇章進行文體上的比對，其文曰「典為常法，《尚書》中，《堯典》、《舜典》、《禹貢》為典，《逸周書》中，《程典》、《寶典》、《本典》自名為典。謨為君臣勖勉之言，《尚書》中，《皋陶謨》、《洪範》為謨，《逸周書》中，黃佐《六藝流別》之《書藝》選《程典》、《嘗麥》、《歲典》、《本典》、《文酌》、《大開武》、《小開武》為謨。訓即教誨，《尚書》中《高宗肜日》、《無逸》為訓，《逸周書》中，黃佐以《王佩》為訓。誥為曉諭眾人或君臣相互勸解之辭，《尚書》中有《湯誥》、《盤庚》以及周初八誥：《大誥》、《康誥》、《酒誥》、《梓材》、《召誥》、《洛誥》、《多士》、《多方》，《逸周書》中黃佐選《商誓》、《皇門》為誥。誓為出師時告誡將士之辭，《尚書》中有《甘誓》、《湯誓》、《牧誓》、《費誓》、《秦誓》，《逸周書》中有《商誓》，蔣善國認為《商誓》篇『在事實和體裁方面，與《尚書·牧誓》相同。命即命令，《尚書》中有《呂刑》、《顧命》等，《逸周書》中，黃佐以為《祭公》即《顧命》之屬，李學勤以為《嘗麥》中的故事與《呂刑》的互相呼應，則

二篇可視爲命體」。〔註 118〕

　　但是這樣一種比照和劃分，畢竟是比較粗略的，比如《王佩》通篇格言體，黃佐雖以其入訓體，然其終與《尙書》訓體不類。只能算是一種寫作目的上的相類。實際上《逸周書》中許多篇章的文體是和《尙書》六體有著很大區別的。且許多文體是《尙書》中所沒有收錄的，比如記事體，《逸周書》中《克殷》、《世俘》、《作雒》、《明堂》、《殷祝》等篇都是敘事技巧已很爲嫻熟的記事體，其文在時空轉換的交代、主要人物與典型場景的描畫等方面都已達到了較高的藝術水準。這種文體上的駁雜，與《尙書》六體不類，當是部分篇章未入今本《尙書》的原因之一。

　　其次，在內容上，《逸周書》中有一系列兵書，如《武稱》、《允文》、《大武》、《大明武》、《小明武》、《柔武》等篇。還有一部分篇章敘述經濟思想，如《大聚》、《糴匡》。軍事與經濟思想都不在孔子思想體系之內。孔子推行教化，所重者在仁德。《史記·孔子世家》中記載了孔子的一次對話，其文曰：「靈公文兵陣。孔子曰：『俎豆之事則嘗聞之，軍旅之事未之學也。』」〔註 119〕或可解釋爲何上述表述軍事和經濟思想的篇章未能收錄在《尙書》之中。

　　除以上兩點，應該還存在一個書籍篇幅的問題。孔子整理原始「書」篇，選其利於推行教化者作爲教材。篇幅不可能過多，也不可能盡錄所有適合的篇章在內，只能擷取其中的一部分。才能便於教學，更爲集中地闡述自己的思想。

三、《逸周書》與汲冢

　　前文曾提及《漢書》將《逸周書》列入《書》類。然其後學者對此書的認識逐漸發生變化，《隋書·經籍志》列其入雜史，並繫以《汲冢周書》之名。自此學者多有將《逸周書》與汲冢相連稱之者。然我們以爲這種關聯是錯誤的。本節將對《逸周書》與汲冢的關係作一分析。

　　汲冢出書之說見於《晉書》，然其對汲冢的盜掘時間的記載卻並不一致。《晉書·武帝紀》主咸寧五年十月。《晉書·束皙傳》則以爲其盜掘時間在太康二年。另有太康元年和太康八年說，見於其他典籍。後面兩種說法缺乏說

〔註 118〕羅家湘：《逸周書研究》，上海古籍出版社，2006 年版，第 89 頁。
〔註 119〕《史記》，中華書局，1959 年版。

服力，信從者極少。王應麟《困學紀聞》以爲各種說法均言之有理，而以第一種咸寧五年說最爲可信，其文曰：

> 《晉武帝紀》，本《起居注》，杜預爲《左傳後序》，皆其所目擊者也。冢蓋發於咸寧五年冬十月，官輒聞知。明年太康改元三月，吳平，預始得知，又二年，始見其書。〔註120〕

《晉書》中對此事的記載如下：

> 《晉書·武帝紀》：「五年春正月……冬十月戊寅，匈奴余渠都督獨雍等帥部落歸化。汲郡人不準掘魏襄王冢，得竹簡小篆古書十餘萬言，藏於秘府。」〔註121〕

> 《晉書·束皙傳》：「初，太康二年，汲郡人不準盜發魏襄王墓，或言安釐王冢，得竹書數十車。其《紀年》十三篇，記夏以來至周幽王爲犬戎所滅，以事接之，三家分，仍述魏事至安釐王之二十年。蓋魏國之史書，大略與《春秋》皆多相應……又雜書十九篇：《周食田法》，《周書》，《論楚事》，《周穆王美人盛姬死事》。大凡七十五篇，七篇簡書折壞，不識名題」〔註122〕

羅家湘分析幾種說法認爲：「汲冢書實咸寧五年十月出土，太康元年，官收其書，藏於秘府，太康二年，當時學者束皙、荀勖、杜預、衛恒等始親加校讀」。〔註123〕此說較爲合理。

而關於汲冢之主人歷來也有不同說法。杜預《春秋左氏傳集解後序》、《太公望表》等書認爲其爲「古冢」；荀勖《穆天子傳序》、今本《晉書》、《隋書·經籍志》以爲當爲「魏襄王冢」；王隱《晉書》以爲當爲「魏安釐王冢」。上文所引《晉書·束皙傳》則猶疑不定於魏襄王墓與魏安釐王冢之間，可見汲冢主人在彼時已爲一疑案。陳夢家在《汲冢竹書考》中指出「魏自惠王至魏亡都大梁，帝王陵不當在汲，竹書出土於魏國大臣之墓，非必魏王之墓，杜、范、傅目爲古冢是也。」〔註124〕我們認爲這一分析是有道理的。

自宋以來，有相當一部分學者將《逸周書》與汲冢所出雜書十九篇之《周

〔註120〕王應麟：《困學紀聞》卷二「《周書》七十一篇」條，商務印書館，1935年版。
〔註121〕《晉書》，《四部備要》，中華書局，1989年版。
〔註122〕《晉書》，《四部備要》，中華書局，1989年版。
〔註123〕羅家湘：《逸周書研究》，上海古籍出版社，2006年版。
〔註124〕陳夢家：《汲冢周書考》，《西周年代考·六國紀年》，中華書局，2005年版。

書》等同看待，以爲《逸周書》漢時本有此書，其後稍隱，賴汲冢竹簡出乃得復顯。或許因爲意識到這種說法的難以成立，其後復有學者進一步訂正發展了這種說法，稱晉時《周書》有兩種版本，一爲漢以來所傳之今隸本，附有孔晁注，至唐時殘損僅餘八卷。另一種則爲汲冢所出之古文版本，爲十卷無注全本。

而這種說法顯然也是不能成立的，《顏氏家訓·書證篇》曰：「汲冢瑣語乃載秦望碑，……皆由後人所羼，非本書也」。〔註125〕足證顏之推是見過汲冢書的。其孫顏師古對汲冢書也應有所知悉，然觀顏師古所注《漢書》，所提及《逸周書》處，一說七十一篇《周書》今存四十五篇，另一處則說《周書》爲劉向所奏定。無一處涉及汲冢書。顏師古言《周書》僅存四十五篇，蓋其所見當是四十二篇的孔晁注本。而稍後於顏師古的劉知幾在其所注《史通》中也曾提及《周書》，其文曰：

> 又有《周書》者，與《尚書》相類，即孔氏刊約百篇之外，凡爲七十一章。上自文、武，下終靈、景。甚有明允篤誠，典雅高義；時亦有淺末恒說，淳穢相參，殆似後之好事者所增益也。至若《職方》之言，與《周官》無異；《時訓》之說，比《月令》多同。期百王之正書，《五經》之別錄者也。〔註126〕

文中並沒有提及《周書》之殘損，或許劉知幾所見是不同於顏師古所見之八卷孔注本。而劉知幾在《史通·疑古篇》中同時引《汲冢書》與《周書·殷祝》云，顯然是將兩書分別看待的，並沒有將汲冢書與《逸周書》相繫聯。

由上述分析可知，《逸周書》在唐時或有兩種傳本，且《逸周書》與汲冢並無關聯。汲冢所出之《周書》據劉知幾言，當已亡佚。

〔註125〕《顏氏家訓》，《文淵閣四庫全書》影印本，臺灣商務印書館，第848冊。
〔註126〕劉知幾：《史通》，《文淵閣四庫全書》影印本，臺灣商務印書館。

第二章 《尚書》與《逸周書》
所見周初史實考

　　《尚書》與《逸周書》中記載了大量的歷史事實，部分文獻記載可以相互參證，其間同異並見。我們可以通過對兩部典籍的記載進行比較分析，從而對於西周早期史實有進一步的瞭解。

第一節　月相詞語考釋及武王克商之日程

一、月相詞語釋義

　　武王克商的日程一直是我們研究商周年代的一個基點，是商周史研究的一個重要課題。《尚書·周書》中的《牧誓》、《武成》；《逸周書》中的《世俘》、《克殷》均對武王伐商一事從不同角度進行了記載。但諸篇文獻的記載在具體的曆日、月相上卻存在許多不同之處。對月相詞語的正確解釋，對我們準確排定武王克商的行程而言非常關鍵。

　　鑒於此，我們將首先對武王克商的出發日進行確定，並以此為基點對兩書中的月相詞語進行釋義。

　　由於今本《尚書》所存《武成》篇屬古文尚書序列，故此學界長期以來對其真實性有所爭論。《漢書·律曆志》中援引了三段劉歆《世經》所錄《武成》文。這三段文字與今本《尚書》所存之《武成》頗有差異，與此同時，卻與《逸周書·世俘》篇中文字基本一致。故此長期以來，學術界對於三者關係一直存在爭議。歸納言之大致有以下幾種看法。一種以陳逢衡、陳夢家

為代表，認為劉歆所引《武成》即今《逸周書·世俘》篇。劉師培、顧頡剛則認為《逸周書·世俘》即《尚書·武成》，乃一書而二名。而莊述祖等人則認為，《武成》係劉歆篡改《世俘》所成。為便於比較分析這三篇文獻，現將三段文字原文摘錄如下：

惟一月壬辰，旁死魄。越翼日癸巳，王朝步自周，於征伐商。厥四月，哉生明，王來自商，至於豐。乃偃武修文，放牛於桃林之野，示天下弗服。丁未，祀於周廟，邦甸、侯、衛，駿奔走，執豆籩。越三日庚戌，柴望，大告武成。既生魄，庶邦冢君暨百工，受命於周。王若曰：「嗚呼！群后……無作神羞。」既戊午，師逾孟津。癸亥，陳於商郊，俟天休命。甲子昧爽，受率其旅若林，會於牧野。罔有敵於我師，前徒倒戈，攻於後以北，血流漂杵……釋箕子囚，封比干墓，式商容閭。散鹿臺之資，發矩橋之粟……（今本《尚書·武成》）〔註1〕

「惟一月壬辰，旁死霸，若翌日癸巳，武王乃朝步自周，於征伐紂」

「粵若來三月，既死霸，粵五日甲子，咸劉商王紂」

「惟四月既旁生霸，粵六日庚戌，武王燎於周廟。翌日辛亥，祀於天位。粵五日乙卯，乃以庶國祀馘於周廟」（《漢書》所引《世經》中之《武成》）〔註2〕

「維四月乙未日，武王成辟，四方通殷命有國。惟一月丙辰旁生魄，若翼日丁巳，王乃步自於周，征伐商王紂。越若來二月既死魄，越五日甲子朝，至，接於商。則咸劉商王紂，執天惡臣百人。太公望命御方來；丁卯，望至，告以馘、俘。戊辰，王遂御，循自祀文王。時日，王立政。…………時四月既旁生魄，越六日庚戌，武王朝至燎於周。維予沖子綏文。……武王在祀，太師負商王紂懸首白旂、妻二首赤旂，乃以先馘入，燎於周廟。…………（《逸周書·世俘》）〔註3〕

有學者認為《漢書·律曆志》中所存劉歆《世經》所引《周書·武成》之《周

〔註1〕 《尚書正義》，《文淵閣四庫全書》影印本，臺灣商務印書館。
〔註2〕 《漢書》，《四部備要》，中華書局，1989年版。
〔註3〕 《逸周書》，孔晁注，《四部叢刊》本。

書》當指《尚書》中《虞夏書》、《商書》、《周書》中之《周書》，此說不確。
《世經》所引《尚書·周書》幾處，或冠以「書經」，或不冠而逕稱其篇名。
未見冠以《周書》者。而觀之劉歆《六藝略》稱《逸周書》爲《周書》，列於
《書》類。由此可見，劉歆《世經》所引《武成》應即是《逸周書·世俘》
篇。《世俘》篇首句云：「維四月乙未日，武王成辟，四方通殷命有國。」正
合古《書》名篇的通例。所以，我們認爲，劉歆所引《武成》即今《逸周書·
世俘》。而因孟子曾言：「盡信《書》，則不如無《書》。吾於《武成》，取二三
策而已矣。仁人無敵於天下，以至仁伐至不仁，而何其血之流杵也？」〔註4〕
我們可知，《尚書》中另有《武成》一篇。

　　然而問題在於，劉歆所引《武成》與《逸周書·世俘》篇既然是同一篇
文獻，那麼文字上理應保持一致。而我們所見的兩個文本卻在武王征商之日
的干支上略有差異。我們將從這點入手，對幾篇文獻進行分析與比較，在此
基礎上進一步理清武王征商之過程。

　　武王從周出發的日期，幾篇文獻的相關記載如下：

　　　　《尚書·武成》：「惟一月壬辰，旁死魄，越翼日癸巳，王朝步
　　自周，於征伐商。」〔註5〕

　　　　劉歆《世經》：「惟一月壬辰，旁死霸，若翌日癸巳，武王乃朝
　　步自周，於征伐商。」〔註6〕

　　　　《逸周書·世俘》：「惟一月丙辰旁生魄，若翌日丁巳，王乃步
　　自於周，征伐商王紂。」〔註7〕

三篇文獻形成了兩種不同的觀點。一爲壬辰，癸巳；月相則爲旁死魄（霸）。
另一則爲丙辰，丁巳；月相則爲旁生魄。要搞清楚哪一個是正確的記載，我
們可以參考武王到達商郊的日期。幾篇文獻對武王到達商郊的日期的記載如
下：

　　　　《尚書·牧誓》：「時甲子昧爽，王朝至於商郊牧野，乃誓。」

　　　　劉歆《世經》：「粵若來三月，既死霸，粵五日甲子，咸劉商王
　　紂。」

〔註4〕　《孟子正義》，焦循撰，中華書局，1987年版。
〔註5〕　《尚書正義》，《文淵閣四庫全書》影印本，臺灣商務印書館。
〔註6〕　《《逸周書》，孔晁注，《四部叢刊》本。
〔註7〕　《漢書》，《四部備要》，中華書局，1989年版。

　　　　《逸周書·世俘》：「越若來二月既死魄，越五日甲子朝，至，
接於商。則咸劉商王紂。」

1976年出土於陝西臨潼的青銅器利簋，上有銘文：「王武征商，甲子朝，歲鼎克昏，夙有商。」明確記載了武王最終克商是在甲子日。這篇銘文與上述幾篇傳世文獻的記載正相吻合。因此我們首先可以確認的是，武王最終到達商郊的時間是在甲子日的清晨。以此為基點，我們可以進一步考察武王征商的出發日期。如果依據《逸周書·世俘》，武王丁巳日從周出發，甲子日到達商郊。從丁巳到甲子之間僅七天，依當時的種種條件，七天內顯然是無法從周至商的。而如果按照《尚書·武成》與劉歆《世經》的記載——武王癸巳日出發，甲子日到達。從癸巳到甲子共三十一天，比照商周之間的路程長短，正合於「一宿為舍」。可見三十一天是符合當時的種種情況的。由此可知，關於武王克商的出發日期的干支，《武成》的記載較為可信，《世俘》的記載有誤。

　　確定了武王克商出發日的干支，我們便可以以此為基點對幾篇文獻中所存的月相詞語進行考察，並進一步排出武王克商的整個行程。這就必須對《尚書》與《逸周書》中所載的各種月相詞語有一個正確的認識，否則就無從談起。兩書中出現的月相詞語計有哉生魄、既望、月出、旁死霸、既死霸、既旁生霸。其中哉生魄、月出、既旁生霸（魄）金文未見，然而正如李學勤所說，旁死霸本也為金文未見，然忽然在晉侯蘇鍾中出現了，作「方死霸」，因此我們不能因哉生霸等未見，遽爾以為其不存在。〔註8〕

　　關於先秦的月相詞，自20世紀初王國維提出「四分一月」說，後董作賓提出「定點說」以來，又有人提出「點段說」，爭論了近一個世紀，至今還沒有得出一個確切的結論。最近晉侯蘇編鍾的出現進一步促進了月相詞語的研究，很多學者結合新出晉侯蘇編鍾中的月相和曆日提出了對月相詞語的新看法。臺灣學者黃彰建認為，朔是既死霸，哉生霸為月光初生之日，生霸即為望，既生霸是既望，方死霸是月光初缺之日，死霸則是晦日。〔註9〕彭裕商以為，初吉是每月初一，也就是朔日，霸指有光之處，既生霸應在前半月之內，既死霸應在後半月之內。所以既生霸是上弦後一日，既望是望後一日，既死

〔註8〕　李學勤：《尚書與逸周書中的月相》，《中國文化研究》1998年夏之卷。
〔註9〕　黃彰建：《釋武成與金文月相——兼論晉侯　編鍾及武王伐紂年》，《歷史研究》1998年2期。

霸是下弦後一日。〔註 10〕葉正渤以爲朔並不是初一，應該是初一的前一天，初吉是新月始見，爲每月初一，既生霸是上弦月，月生光輝，大致在每月初九，既望是月圓日月相望之日，爲每月十五日，既死霸是下弦月，月光暗淡，大致爲每月二十三。〔註 11〕之所以造成這種結果上的差異乃是因爲晉侯蘇編鍾上銘文有錯誤之處，現摘錄部分銘文：

> 惟王卅又三年，王親省東國、南國，正月既生霸戊午，王步自宗周。二月既望癸卯，王入各成周。二月既死霸壬寅，王□往東。三月方死霸，王至於□，分行。……王惟反歸，在成周公族整師宮。六月初吉戊寅，旦，王各大室，即位。……丁亥，旦，王鄩於邑伐宮。庚寅，旦，王各大室，司工揚父入右晉侯蘇，王親儕晉侯蘇禾巨鬯一卣、弓矢百、馬四匹，蘇敢揚天子歪顯魯休，用作元和揚鍾，用昭格前文人。」

這段銘文在曆日的干支上有一處不合理的地方，其所列二月的曆日中先言「二月既望癸卯」，後言「二月既死霸壬寅」。從干支表上來看，壬寅當在癸卯之前，銘文所述干支的順序有誤。對這一不合理之處，有的學者認爲是兩者錯置，有的學者以爲是閏二月，有的則以爲癸卯乃是錯記。對於兩者錯置這一說法，我認爲是不妥的，因爲壬寅和癸卯在干支上前後緊接，而既望和既死霸這兩個月相所代表的日子卻非緊密相連的兩日。故這不合理之處應該不是兩者錯置所造成的。閏二月的說法也不合理，因爲按閏二月來排曆的話，銘文中的兩個干支也不對。由此看來，癸卯爲錯記的可能性較大。葉正渤認爲癸卯可能是癸巳的誤記。因爲癸卯和癸巳在甲骨干支表上是並排緊挨的，被誤記的可能性很大。由此出發葉正渤排出了晉侯蘇編鍾的曆朔關係：

> 六月初吉戊寅，則六月是戊寅朔；五月大，則五月是戊申朔；
> 四月小，則四月是乙卯朔；三月大，則三月是乙酉朔；二月小，則
> 二月是庚辰朔；正月大，則正月是庚戌朔。〔註 12〕

從這個曆朔關係推出晉侯蘇編鍾中出現的月相詞語所代表的具體意義爲：

> 初吉：新月初現爲吉，因以爲一月之始，當日序法的初一，也

〔註 10〕彭裕商：《關於西周金文月相的一點意見》，《中國文化研究》1999 年夏之卷。
〔註 11〕葉正渤：《〈逸周書〉與武王克商日程、年代研究》，《南京社會科學》，2001年 8 月。
〔註 12〕葉正渤：《〈逸周書〉與武王克商日程、年代研究》，《南京社會科學》，2001年 8 月。

即朔日；

　　既生霸：月已完全生輝，「既」是已經到了的意思，「霸」是月輝的意思，上弦月，初九；

　　既望：日、月在西、東天空遙遙相望，當漢代後的十四日；

　　既死霸：月色暗淡無光，好像死了一樣，下弦月，二十三日；

　　旁死霸：既死霸的第二天，二十四日。〔註13〕

我們認為比較看來，這種解釋是比較合理的。現總結月相詞語之意義為：初吉：每月初一；哉生霸：每月初二或初三；既生霸：初八或初九；旁生霸：初九或初十；既望：十六（小月）十七（大月）；既死霸：二十三或二十四日；旁死霸：二十四或二十五日。我們將按這種解釋來對《尚書》與《逸周書》中記載武王克商事件的內容進行考察，看曆日與月相是否能夠契合。

二、武王克商之行程

　　我們前文已經說過，武王克商的出發日期在一月壬辰，而到達商郊的日期劉歆《世經》所引《武成》記為「粵若來三月，既死霸，粵五日甲子」，〔註14〕《逸周書·世俘》記為「越若來二月既死霸，越五日甲子」。〔註15〕二者的月份有異，我們首先需要從「一月壬辰」為基點來對這兩個月份進行判定。壬辰至甲子有33天，壬辰日劉歆記為旁死魄、《世俘》中記為旁生魄，不論是旁死魄還是旁生魄，壬辰日在一月，那麼甲子日就只能是二月中的一天，不會是三月中的一天。由此可知在這一月份的記載上當從《世俘》所載，武王到達商郊的月份當為二月。然後，基於此，我們可以再來考察兩書在月相詞語記載上的正誤。如果按照《世俘》所記，一月壬辰為旁生魄，那麼按照我們前面所確定的月相詞語的解釋方法，旁生魄當在初九或初十，既死魄應該是當月的二十二或二十三日。一月壬辰日為初九或初十，那麼推算之下二月初一的干支則為癸丑或甲寅，二月既死魄為二月二十二或二十三日，其干支應為甲戌或乙亥，越五日則干支應為戊寅或己卯。於兩書所記的甲子日均不相符，那麼可知《世俘》所記的「一月丙辰旁生魄」於干支、月相都有

〔註13〕葉正渤：《〈逸周書〉與武王克商日程、年代研究》，《南京社會科學》，2001年8月。

〔註14〕《漢書》，《四部備要》，中華書局，1989年版。

〔註15〕《逸周書》，孔晁注，《四部叢刊》本。

誤。如按劉歆所記，一月壬辰爲旁死魄，也即一月的二十四或二十五日，據此可推算出二月初一當爲戊戌日或己亥日，則二月既死魄的干支就當爲庚申或辛酉，越五日即爲甲子或乙丑。其中甲子這一干支和劉歆《世經》所引《武成》文相同。整理以上分析可初步排出武王克商的最初行程的干支和月相：

　　　一月二十四　　壬辰日　旁死魄　己巳朔
　　　一月二十五　　癸巳日：武王乃朝步自周，於征伐紂（劉歆《世
　　　　　　　　　　　經》所引《武成》）
　　　二月初一　　　戊戌日
　　　二月二十一　　戊午日：師逾孟津。（《尚書・武成》）
　　　二月二十三　　庚申日　既死霸
　　　二月二十七　　甲子日：昧爽，王朝至於商郊牧野，乃誓。（《尚
　　　　　　　　　　　書・牧誓》）
　　　　　　　　　　　接於商，則咸劉商王紂（《世俘》）
　　　二月三十　　　丁卯日：太公望征伐來方歸，告以馘、俘。

武王克商的最初行程排定後，我們繼續考察下面的行程。劉歆《世經》所引《武成》並非連貫的全文，日程由二月直接四月，「惟四月既旁生霸，粵六日庚戌……」。而《世俘》中接下來的記載內容很豐富，並且問題比較多。現將原文逐條標注如下：

　　1. 戊辰，王遂御，循自祀文王。時日，王立政。呂他命伐越
　　　　戲方；

　　2. 壬申，荒新至，告以馘俘。侯來命伐靡集於陳；

　　3. 辛巳，至，告以馘俘。

　　4. 甲申，百弇以虎賁誓，命伐衛，告以馘俘。

　　5. 辛亥，薦俘殷王鼎。武王乃翼矢珪，矢憲，告天宗上帝。
　　　　王不格服，格於廟，秉語治庶國，篤人九終。王烈祖自太
　　　　王、太伯、王季、虞公、文王、邑考以列升，維告殷罪。
　　　　篤人造，王秉黃鉞正國伯。

　　6. 壬子，王服袞衣，矢琰，格廟。篤人造，王秉黃鉞正邦君。

　　7. 癸酉，薦殷俘王士百人。篤人造，王矢琰，秉黃鉞，執戈。
　　　　王奏庸大享一終，王拜手稽首。王定，奏其大享三終。

　　8. 甲寅，謁我殷於牧野。王佩赤白旂。篤人奏《武》。王入，

進《萬》，獻《明明》三終。

9. 乙卯，籥人奏《崇禹三開》三鍾終，王定。

10. 庚子，陳本命伐磿，百韋命伐宣方，新荒命伐蜀。

11. 乙巳，陳本命新荒蜀磿至，告禽霍侯、俘艾侯小臣四十有六。禽御八百有三百兩，告以馘俘。百韋至，告以禽宣方，禽御三十兩，告以馘、俘。百韋命伐厲，告以馘、俘。武王狩，禽虎二十有二、……鹿三千五百有八。武王遂征四方，凡憝國九十有九國，馘磿億有十萬七千七百七十有九，俘人三億萬有二百三十。凡服國六百五十有二。

12. 時四月既旁生魄，越六日庚戌，武王朝至燎於周。維予沖子綏文。武王降自車，乃俾史佚繇書於天號。武王乃廢於紂矢惡臣人百人，……武王在祀，太師負商王紂懸首白旂、妻二首赤旂，乃以先馘入，燎於周廟。

13. 若翼日辛亥，祀於位，用籥於天位。

14. 越五日乙卯，武王乃以庶祀馘於周廟，翼予沖子，斷牛六，斷羊二。……

15. 時甲子夕，商王紂取天智玉琰，……凡武王俘商舊玉億有百萬。〔註16〕

根據我們前文所排一二月曆朔發現上文所列十五條的干支並沒有嚴格按照時間的先後順序來排列，而且個別干支存在錯誤。從第 1 條至第 9 條敘述三月初一至四月十九武王的各種征伐之舉。而第 10 條至 15 條所記載的則又爲四月十九前的舉動。考察各條內容，我認爲造成這種狀況是因爲《世俘》一文並非出於一個史官之手，所以各條錯出，在時間的先後順序上比較混亂。10條以後當爲另一位史官所記，故所記條目的時間多和前 9 條重合。第 5 條和第 13 條之辛亥所指爲同一天；第 11 條之乙巳和第 12 條之四月既旁生魄所指爲同一天；第 11 條和第 14 條之乙卯所指爲同一天。而第 15 條之甲子則指武王克商之甲子日，此爲倒敘。而第 7 條的癸酉於曆日不符，當爲癸丑之誤。現將這部分內容按時間順序整理，結合《尚書・武成》等相關篇章內容，排列三月起武王的日程：

三月一日　戊辰日　王遂御，循自祀文王。時日，王立政。

〔註16〕《逸周書》，孔晁注，《四部叢刊》本。

（《世俘》）

三月五日	壬申日	荒新至，告以馘俘。（《世俘》）
三月十四	辛巳日	（侯來命伐靡集於陳）至，告以馘俘。（《世俘》）
三月十七	甲申日	百弇以虎賁誓，命伐衛，告以馘俘。（《世俘》）
四月二日	戊戌日	哉生明　王來自商，至於豐。乃偃武修文，歸馬於華山之陽，放牛於桃林之野，示天下弗服。（《尚書・武成》）
四月四日	庚子日	陳本命伐磨，百韋命伐宣方，新荒命伐蜀。（《世俘》）
四月九日	乙巳日	既旁生霸　陳本命新荒蜀磨至，……凡服國六百五十有二。（《世俘》）
四月十一	丁未日	祀於周廟。（《尚書・武成》）
四月十四	庚戌日	武王朝至燎於周。……武王在祀，……乃以先馘入，燎於周廟。（《世俘》、劉歆《世經》引《武成》）
		柴，望，大告武成。（《尚書・武成》）
四月十五	辛亥日	薦俘殷王鼎。
		（武王）祀於位，用籥於天位。（《世俘》劉歆《世經》引《武成》）
四月十六	壬子日	王服袞衣，矢琰，格廟。　（《世俘》）
四月十七	癸丑日	薦殷俘王士百人……王定，奏其大享三終。（《世俘》）
四月十八	甲寅日	謁我殷於牧野。（《世俘》）
四月十九	乙卯日	籥人奏《崇禹生開》三鍾終。（《世俘》）
		武王乃以庶祀馘於國周廟（《世俘》劉歆《世經》引《武成》）

以上是我們基於對月相詞語的理解所排定的武王克商的日程。比較兩書中記載武王克商的內容，發現兩書有明顯的差異。《尚書》中的《牧誓》、《武成》兩篇主體均以記言為目的。而《逸周書》中的《克殷》、《世俘》則以記載具

體的征伐舉措爲目的。由此也能看出兩書在編輯標準上的差異,《尚書》以記言爲目的,在編選的過程中只選擇符合這一目的的史官之文,保證其體例上的純一。而這也是詳細記載武王各種征伐行爲的《世俘》、《克殷》未被收入《尚書》中的原因所在。

第二節　營建洛邑之過程及周公的建都理論

一、營建洛邑之過程

營建洛邑是西周政權建立之初最爲重要的政治舉措之一。《尚書》與《逸周書》中對這一事件都有所記載。此節我們將對兩書中的相關篇章進行解讀,以期對營建洛邑的原因、過程等有較爲深刻的認識。

牧野之戰周人取勝,周王朝建立。然而天下並未因此而寧定,從上文我們所列武王在牧野之戰後的日程可以看到,牧野取捷後,四方小國並未因此臣服,此爲外患;同時從《逸周書‧商誓》又可看出,殷人舊部也潛存著極強的不安情緒,一些舊部蠢蠢欲動,此爲內憂。外憂內患之下,周朝的執政者無暇細細品味勝利的愉悅,反而戰戰兢兢,日夜憂思。商朝敗於己手,如何才能令周人避免這種悲慘的命運,成爲周朝統治者日夜思考的主題。《逸周書‧度邑》中有一段文字,頗能向我們展示當時周朝統治者的狀態,其文曰:

> 維王克殷國、君諸侯,乃厥獻民徵主九牧之師見王於殷郊。王
> 乃升汾之阜,以望商邑,永歎曰:「嗚呼!不淑充天對,遂命一日。
> 維顯畏,弗忘!」
>
> 王至於周,自□至於丘中,具明不寢。王小子御告叔旦,叔旦
> 亟奔即王,曰:「久憂勞!」問周不寢,曰:「安,予告汝。」
>
> 王曰:「嗚呼,旦!惟天不享於殷,發之未生至於今六十
> 年。……於憂茲難,近飽於卹;辰是不室,我來所定天保,何寢能
> 欲?」
>
> 王曰:「旦!予克致天之明命,定天保,依天室。志我共惡,
> 俾從殷王紂。四方赤宜未定於西土。我維顯服,及德之方明」叔旦
> 泣涕於常,悲不能對。〔註17〕

〔註17〕《逸周書》,孔晁注,《四部叢刊》本。

克商後的武王並非高枕無憂，安享天下。而是「具明不寢」，通宵達旦地思考如何能「定天保，依天室」，憂勞之態令周公旦悲痛不已，泣不成言。而最終思考的結果是，「我圖夷茲殷，其唯依天。其有憲今，求茲無遠。慮天有求繹，相我不難。自洛汭至於伊汭，居陽無固，其有夏之居。我南望過於三塗，我北望過於有嶽，丕願瞻過於河，宛瞻於伊、洛，無遠天室。其日茲日度邑。」〔註18〕可見武王已認識到周人偏起西方，其都城鎬京偏西。為控制中原乃至東方更為廣大的地區，周人必須在東方適當位置營建新都來控制東方。為此武王夜不能寐，並親自登高遠眺，考察地形，為新都選址，並將此事鄭重託付給周公。1963 年在寶雞賈村出土的《何尊》銘文也證實了武王甫定天下即已有了營建新都的計劃。《何尊》銘文（釋文）曰：

> 唯王初遷宅於成周，……武王既克大邑商，則廷告於天曰，余
> 其宅茲中國，自止之治民。……

銘文中之「中國」究竟指何處，學者一直存有不同的意見。部分學者以為「中國」所指即洛邑，有些學者則持不同意見。觀之《史記·周本紀》：「學者皆稱周伐紂，居洛邑，綜其實不然。武王營之，成王使召公卜居，居九鼎焉，而周復都豐、鎬。」從太史公所謂「武王營之」，我們至少可以肯定即使何尊之「中國」非指洛邑，洛邑也早已是武王欲建新邑之地。

然而，武王並未來得及營建新都。據《逸周書·作雒》記載，武王克殷後，立王子祿父，並使管叔、蔡叔、霍叔監管殷舊臣。而武王回到宗周以後，過了兩年，十二月就在鎬京去世了。據《書序》與《史記》中《周本紀》、《魯世家》記載，武王崩後，三監聯合淮夷等叛亂。雖然這次叛亂被周公率兵東征平定了，然而卻給剛剛即位的成王敲醒了警鐘，使他意識到要實現對一個空前廣闊和複雜的「大國」全境的有效控制，就必須繼續武王的計劃，在東方營建新邑。根據何尊銘文可知成王即位後不久即開始營建洛邑。對此《逸周書·作雒》中有詳細的記載，其文曰：

> 武王克殷，乃立王子祿父，俾守商祀。建管叔於東，建蔡叔、
> 霍叔於殷，俾監商臣。武王既歸，成歲十二月崩鎬，殂予岐周。
>
> 周公立，相天子，三叔及殷東徐、奄及熊盈以略。周公、召公
> 內弭父兄，外撫諸侯。九年夏六月，葬武王於畢。二年，又作師旅，
> 臨衛政殷。殷大震潰，降辟三叔。王子祿父北奔，管叔經而卒，乃

〔註18〕《逸周書》，孔晁注，《四部叢刊》本。

囚蔡叔於郭淩。凡所征熊盈族十有七國，俘維九邑。俘殷獻民，遷
於九里。俾康叔宇於殷，俾中旄父宇於東。

　　周公敬念於後曰：「予畏周室克追，俾中天下。」及將致政，
乃作大邑成周於土中。〔註19〕

首段中「成歲十二月崩鎬」句當爲「乃歲十二月崩於鎬」，殔，盧文弨：惠
云：《士喪禮》：「自天子至士，殯皆曰殔。」陳逢衡云：「《釋名·喪制》曰：
『於西壁下塗之曰殯，殯，賓也。假葬於道側曰殔，殔，翳也。』」第二段
「九年夏六月」之「九」當爲「元」字之誤。天子七月而葬，故安葬武王的
時間應爲成王元年六月。「俘殷獻民，遷於九里」句，孔晁云，九里，成周
之地，近王化也。此說不確，殷商名獄爲「里」，文王被囚處稱羑里，即爲
一證，九里或本是獄名。「予畏周室克追」句，《初學記·居處部》引此作「予
畏周室不延」，〔註20〕作「克追」則句意不通，當以《初學記》引文爲是，
此句乃是周公擔心周王朝的統治難以持久，作「不延」正合句意。以上所引
《逸周書·作雒》的三段文字敘述作雒之緣起，和我們上文分析的周初情勢
正相一致。但《作雒》一文卻並未記載開始營建洛邑的具體時間，只言「及
將致政」。《尚書》中《召誥》、《洛誥》也記載了營建洛邑之事，惟《洛誥》
在文末注明了年代：「王命周公後，作冊逸誥，在十有二月。惟周公誕保文
武受命，惟七年。」〔註21〕故傳統看法多以周公攝政七年爲周公始營洛邑
之年。太史公即持此看法，《史記·魯周公世家》：「成王七年二月乙未，王
朝步自周，至豐，使太保召公先之雒相土。其三月，周公往營成周雒邑，卜
居焉，曰吉，遂國之。」〔註22〕然《尚書大傳》：「周公攝政，一年救亂，
二年克殷，三年踐奄，四年建侯衛，五年營成周，六年制禮作樂，七年致政
成王」。〔註23〕且從成王五年頒製的何尊來看，周公始營洛邑確在周公攝政
之五年，即成王即位五年。

　　確定周公始營洛邑在周公攝政五年，那麼《召誥》、《洛誥》所記內容便
需要我們重新認識。如果《召誥》、《洛誥》所描述的均是營建洛邑之事，那
麼《洛誥》中所明言的「七年」與何尊銘文之成王五年便有了分歧。爲調和

〔註19〕《逸周書》，孔晁注，《四部叢刊》本。
〔註20〕黃懷信等：《逸周書彙校集注》，上海古籍出版社，2007年版。
〔註21〕《尚書正義》，《文淵閣四庫全書》影印本，臺灣商務印書館。
〔註22〕《史記》，中華書局，1959年版。
〔註23〕陳壽祺輯，《尚書大傳》，四部叢刊本。

這一分歧，使兩個時間能夠一致。部分學者提出《洛誥》中「惟周公誕保文武受命，惟七年」中之七年包括輔佐武王的兩年和輔佐成王的五年。但這種說法顯然也於理不通，既然包括了輔佐武王的時間，就理應包括輔助文王之年，斷無只包括輔佐武王的兩年的道理。另有學者則提出武王克殷之年乃是周人「受命」之年，武王克商兩年後崩於鎬，那麼武王的兩年加上成王的五年，正合七年之數，也與何尊銘文之成王五年不相牴觸。但是這種說法也是不能成立的，從先秦至於兩漢的各種典籍來看，周室受命之年所指均爲文王斷虞芮之訟之年，這對周人而言是不須加以說明的所公認的事實，以克殷之年爲周室受命之年有悖於這一毋庸置疑的共識，顯然是不能成立的。既然時間上的分歧無法調和，那麼我們就需要對《召誥》、《洛誥》所記的內容有一個正確的認識。

　　《書序》云：「成王在豐，欲宅洛邑，使召公先相宅，作《召誥》」，又云：「召公既相宅，周公往營成周，使來告卜，作《洛誥》」。〔註24〕傳統看法也大多據此認爲《召誥》、《洛誥》爲前後相繼的兩篇，並作於周公攝政七年。孔穎達《尚書正義》云：「上篇序云：『召公先相宅，』此承其下，故云『召公既相宅』。召公以三月戊申相宅而卜，周公自後而往，以乙卯日至，經營成周之邑」所持即此觀點。太史公《史記‧周本紀》也將《召誥》、《洛誥》兩篇置於同年，但認爲是周公攝政七年，即成王即位之七年。1964 年何尊出土後，有學者鑒於何尊銘文中所言之惟王五祀之語，認爲《召誥》、《洛誥》兩文所記爲同年之事，並將時間繫於成王五年。但亦有學者認爲兩篇所記並非同年之事，朱鳳瀚即認爲《洛誥》所記載的內容爲營洛邑，而《召誥》所記則爲大邑建成後造居宅。他認爲召工所相之「宅」指的是周王居住的宮室與宗廟，造宅與營洛邑是兩個概念。〔註25〕此說關於造宅和營洛邑的認定較爲合理，但以此認爲《召誥》作於《洛誥》之後，我認爲理由也不夠充分。就《逸周書‧作雒》的內容可知包括大廟、宗宮、考宮、路寢、明堂在內的宮室宗廟乃是洛邑城中最爲重要的建築群，建造它們自然屬於營建洛邑的最爲重要的一部分工程，但從兩篇文意來看，再結合《書序》之意，《召誥》所記不應在《洛誥》之後。因此這幾種說法顯然都無法解釋《洛誥》中之「七年」與成王五年的關係。我認爲解釋這一問題的關鍵在於對《洛誥》一文的正確

〔註24〕《尚書正義》，《文淵閣四庫全書》影印本，臺灣商務印書館。
〔註25〕朱鳳瀚：《〈召誥〉、〈洛誥〉與何尊》，《歷史研究》，2006 年 1 月。

解讀上。

　　《洛誥》一文並非寫自一時一地，結構比較獨特，絕大部分內容是史官記敘周公和成王的對話，然而對話的時間、地點卻非固定於一時一地。其中又有引言與祝詞，所以文意往往令人難明。由於未能對其進行正確解讀，學界對《洛誥》歷來有闕文錯簡說。宋代金履祥就曾說：「《洛誥》所記，若無倫次。」〔註26〕但事實上《洛誥》一文結構並不混亂，我們對《洛誥》全文作一梳理即可明白文意。

　　《洛誥》全文大致可以分爲四部分。第一部分自開頭至「拜手稽首誨言」，談話的場景在洛邑，是對洛邑甫建成時周公與成王討論定都事宜的記載。第二部分爲「周公曰：『王，肇稱殷禮，……汝永有辟』」這一段，所記錄的是周公在鎬京勸告成王前赴洛邑，而「公曰：『已！汝惟沖子……無遠用戾』」段則是周公進行勸告的誥詞。「王若曰：『公！……篤罔不若時。』」是成王聽取周公誥詞後的面答之辭。第三部分自「王曰：『公！予小子其退……』」至「其永觀朕子懷德」，記錄成王到洛邑，與周公分析當時的形勢，表示希望周公能繼續居洛執政。周公表示接受王命，繼續治理洛邑。最後一部分描寫的是成王在洛邑舉行祭祀大會諸侯並冊告天下周公繼續治洛之事。

　　從對《洛誥》全文的分析，我們可以發現此文所記述的並非發生於一時一地之事，只是由於敘事技巧的稚嫩，對時空的轉換缺乏交代。史官只是如實記載了成王與周公之間以洛邑爲中心議題的一系列談話。由文末「在十有二月，惟周公誕保文武受命，惟七年」，可知此篇最終完成是在周公攝政的第七年，即成王七年。然而文章的第一部分所記錄的內容卻不是發生在此時，所記述的乃是洛邑甫建成之初的一次談話。從性質上來說屬於追述。我們不能據《洛誥》文末的「惟七年」推斷始營洛邑是在成王七年。有學者曾將《召誥》與《洛誥》中記述營建洛邑的文字放在一起進行比對，認爲所描寫的乃是同一件事，近而提出兩文寫於同一年。我們認爲《洛誥》中的第一部分所記載的本就是營建洛邑之事，所以其文字自然和《召誥》相同。但是《洛誥》一文的目的並不是記錄營建洛邑的詳細過程，著眼於全文，這一段文字只是對當時的追敘，我們不能忽視《洛誥》中的其他文字，不能因此就斷定始營洛邑是在成王七年。也就是說何尊之「惟王五祀」與《洛誥》之「惟七年」並沒有衝突。所以成王營建洛邑的起始過程如下：

〔註26〕　（宋）金履祥：《尚書表注》，江蘇廣陵古籍刻印社，1983 年版。

成王五年，

二月二十一　乙未日　成王從鎬京出發到達豐地。

三月初五　戊申日　太保召公到達洛地，先行就建宅的地點進行卜問。得到了吉兆後就開始營建。

三月初七　庚戌日　召公率領殷民到洛水與黃河交匯處，測定建造宮室宗廟的地點。

三月十一　甲寅日　全部測定好各個建築的地點。

三月十二　乙卯日　周公到達洛地，全面視察新邑。

三月十四　丁巳日　在南郊祭祀上帝，祭品爲兩頭牛。

三月十五　戊午日　舉行祭地的典禮，祭品爲豬、牛、羊各一頭。

三月二十一　甲子日　周公發佈文告命一眾殷民營建洛邑，命令發佈後，殷民大舉動工，開始興建。

《逸周書・作雒》對洛邑的形制有具體的描述，其文曰：

城方千七百二十丈，郭方七百里。南繫於洛水，地因於郟山，以爲天下之大湊。制郊甸方六百里，國西土爲方千里。分以百縣，縣有四郡，郡有□鄙。大縣城，方王城三之一；小縣立城，方王城九之一。郡鄙不過百室，以便野事。農居鄙，得以庶士，士居國家，得以諸公、大夫。凡工賈胥市臣僕州里，俾無交爲。

乃設丘兆於南郊，以祀上帝，配以后稷，日月星辰先王皆與食。封人社壇，諸侯受命於周，乃建大社與國中，其壝東青土，南赤土，西白土，北驪土，中央釁以黃土，將建諸侯，鑿取其方，一面之土，燾以黃土，苴以白茅，以爲土封。故曰，受列土於周室。乃位五宮、大廟、宗宮、考宮、路寢、明堂，咸有四阿，反坫，重亢、重郎、常累、復格、藻梲，設移、旅楹、舂常、畫。內階玄階，堤唐山廇，應門庫臺玄閫。〔註27〕

「郭」，外城也，郭謂之郛。王念孫云：「郭方七百里」句，《類聚》、《初學記》、《御覽》、《玉海》皆作「七十二里」，與宋本同，當據以訂正。〔註28〕按此處「千七百二十丈」與「七百里」兩數學者歷來有不同看法，聚訟紛紜，

〔註27〕《逸周書》，孔晁注，《四部叢刊》本。
〔註28〕黃懷信等：《逸周書彙校集注》，上海古籍出版社，2007年版。

未有定論。「地因於郟山」當作「北因於郟山」，地爲北之誤字。「國西土爲方千里」當作「因西土爲方千里」，意爲連宗周爲方千里。「郡有□鄙」之脫字當爲「四」。「小縣立城」當爲「小縣城」，「立」爲衍字。「其壇東責土」之「責」當爲「青」。五宮，孔晁注：宮府寺也。大廟，又作太廟，后稷；宗宮，文王；考宮，武王；路寢，王居所；明堂、朝四夷諸侯之所。四阿，朱右曾云：四注，屋四面有霤。阿，下也。堭謂之坫，在堂角。門側之堂謂之塾，堂角內向，故曰反坫。

通過《尚書》與《逸周書》中有關洛邑的篇章，我們對營建洛邑的緣起、時間、過程和洛邑城內的構造有了基本的瞭解。除此外，還有一點值得我們關注，那就是這些文章中所體現出的「天下之中」的建都觀念和周朝所定在我國影響深遠的「兩京制」。

二、周公的建都理論

圍繞洛邑的營建，周公總結了夏商兩代的歷史經驗和文化傳統，提出並闡發了「天下之中」的建都理論。這一理論是由「天下」、「中」等一系列空間概念構成的。中國人很早就有了「天地四方」這一觀念，從出土的玉琮等物的形制來看，這種天地四方的空間架構也成爲我國先民們所取法的思維模式。規範有序的宇宙空間所呈現給人們的是中央與四方的和諧對稱，在先民看來中央高於四方，乃是宇宙秩序的核心。所以我國很早就產生了以「中」爲貴的「尚中」意識。司馬遷根據《禹貢》的記載描述大禹制九州，中州之外有八方，又根據距離中央統治區的遠近劃分出甸、侯、綏、要、荒五服。這是典型的輻條式結構。以國都爲中心，四方環繞中央。這種理想的空間秩序反映了上古之時人們對於「中」的追求與推崇。周公進一步將這種觀念上升到理論高度。

《逸周書・作雒》：「周公敬念於後曰：『予畏周室不延，俾中天下。及將致政，乃作大邑成周於土中。城方千七百二十丈，郛方七百里。南繫於洛水，北因於郟山，以爲天下之大湊。』」土中，孔晁注，王城也，於天下爲中。湊，會也。〔註29〕又《史記・周本紀》「成王在豐使召公復營洛邑，如武王之意。周公復卜申視，卒營築，居九鼎焉。曰：『此天下之中，四方入貢道里均。』」

〔註29〕《逸周書》，孔晁注，《四部叢刊》本。

〔註 30〕由所引文字可看出，周公是著眼於「天下」這一空間視域來確定都城位置的，其所重者在從中央王朝對所轄政治疆域的空間地理控制角度來選擇適中的地理位置確定統治中心。「中」首先是地理位置上的中心，這個中心能夠連接四方，乃四方融通交匯之處，從而形成輻輳之結構。

然而，「俾中天下」句又透露出，周公之「中」又決不僅僅指地理位置之「中」，重要的是由「空間觀念」延伸出來的表徵意義，體現周公之「建中」更是一種觀念層面的建構。李久昌曾指出，「王者必即土中」，並不是目的，而是一種象徵、一種符號、一種暗示，更是一種處理中央與地方關係的機制。如唐蘭所說：「余謂『中』者最初為氏族社會中之徽幟……此其徽幟，古時用以集眾……蓋古者有大事，聚眾於曠地。先建中焉，群眾望見中而趨赴，群眾來自四方則建中之地為中央矣」。在當時人們宇宙概念中，天下之中是天下一個非常特殊的空間點，選擇這個特殊的空間點來建造都城，是取得優勢地位的重要手段。〔註 31〕

周人建立周朝後有過幾次分封，建立「以蕃屏周」的宗周政治體制，營建洛邑後曾有一次較大的分封。這充分體現了「中」對國家和王權具有特殊意義，居天下之中的都城更富於象徵意味。周公的「天下之中」理論蘊藏著建立和強化中央集權的旨趣。除地理意義上的天下之中，周公更賦予其政治上代表中央集權的觀念層面上的含義，使「天下之中」成為建都選址的標準。

《尚書‧洛誥》顯示，洛邑建成後，成王命周公繼續留在洛邑治理，而自己則回到鎬京作王。西周的東西兩京就這樣形成了。曾有學者指出，兩京制是一種偉大的創造，它標明了整個國家的發展軸線。在西周之前可能有兩京並存的情況，如商初的鄭亳與西亳、商代晚期的殷都與朝歌。但在歷史上形成巨大影響的是西周的兩京……從西周到北宋二千餘年，中國的朝代雖然在不停地更迭，但國家的發展始終是圍繞著東西軸線運轉的。〔註 32〕從功能上看，西周的兩京分別擔負了不同的責任，鎬京在西，為周人的根基所在，為周人的宗族之中心；洛邑在東，更多地體現了周人對於統御天下的籌劃，是政治經濟中心，收取貢品，治理國民。兩京不僅在地理位置上平衡政權核心之所在，更在政治功能上互為補充。而西周就圍繞著兩京形成的東西軸線

〔註 30〕《史記》，中華書局，1959 年版。
〔註 31〕李久昌：《周公「天下之中」建都理論研究》，《史學月刊》2007 年 9 月。
〔註 32〕羅家湘：《逸周書研究》，上海古籍出版社，2006 年版，第 201～202 頁。

良好地運轉。這種建都制度對我國歷史產生了巨大的影響。

　　兩書對於營洛邑的記載依然體現出我們前文所分析的差異，《尚書》以記言為目的，《召誥》、《洛誥》也充分體現了這一點，雖然也記錄了營建洛邑的過程，然而文章的中心議題始終是圍繞洛邑而展開的關於政治形勢、歷史教訓的對話與探討。《逸周書》中《度邑》、《作雒》則正可以與《尚書》相補充，對作雒之緣起和洛邑之形制進行了詳細的描述。兩書的描寫結合，我們才可以對營建洛邑這一歷史事件有全面而清晰的認識。

　　《尚書》與《逸周書》中所記載的史實是極為豐富的。不僅僅是對商周兩代的歷史進行了記載，還涉及到了夏朝歷史，甚至更早的古史。通過《尚書》中的《金縢》，我們可以得知在武王駕崩前後，圍繞周公而發生的一系列事件。包括管蔡之亂、周公居東等事件。通過《逸周書》中的《糴匡》、《大匡》、《酆保》、《大聚》等篇，乃知文王安民之策，以及周朝甫立之初人君所施行的種種政策。《寤敬》又可使我們得知，武王克商所經歷的謀略籌劃之苦。而兩書中所富含的對於古史的記載也可補充我們對於上古史的認識。《呂刑》、《嘗麥》等篇對堯舜、三苗進行描述時，基本上是將其作為信史來對待的，我們雖不能據此認為其所載為真實不疑之歷史事實，卻可從中窺見我國早期歷史的一些真相。

第三章　《尚書》與《逸周書》思想比較

第一節　《尚書》與《逸周書》之歷史觀念

　　黑格爾曾在其著作《歷史哲學》中說，歷史起源於中國。〔註1〕注重反思歷史並從中總結經驗教訓確實是中國文化的突出特徵。《漢書・藝文志》:「古之王者世有史官。君舉必書，所以慎言行，昭法式也。左史記言，右史記事，事爲《春秋》，言爲《尚書》」。〔註2〕從這段話中我們可以知道中國很早就有分工明確的史官制度，此外，更爲重要的是，它向我們說明了中國古代記史之目的在於「慎言行，昭法式」，而決不僅僅是單純記錄已經發生過的客觀事實。也就是說，對歷史事實的簡單記錄，遠不是歷史的目的。正如尼采所說「事實要想存在，我們必須先引入意義」，〔註3〕儘管傳統的中國史學思想一直以比較樸素的「據實直書」的「信史」爲修史的最高境界，然而，歷史話語根本不可能像傳統史學家所認爲的那樣，只是用來反映歷史事實，而不帶有其他的意義。歷史，是人們對過去的事實進行理解和解釋的結果。從這個角度講，「一切歷史都是思想史」，〔註4〕《尚書》與《逸周書》中就包含著周人極爲豐富的歷史觀念。本節就對《尚書》與《逸周書》兩部典籍中所包含

〔註1〕　黑格爾:《歷史哲學》，王造時譯，上海書店出版社，1999年版。
〔註2〕　《漢書》，《四部備要》，中華書局，1989年版。
〔註3〕　《尼采注疏集》，劉小楓主編，華東師範大學出版社，2007年版。
〔註4〕　柯林武德:《歷史的觀念》，商務印書館，1994年版。

的歷史觀念進行分析梳理。

一、天命思想

天命觀是兩書歷史敘事中的核心話語，周人在這兩部典籍中的歷史敘事從未完全脫離天命來進行探討。

古人將世界劃分為天、地、人、「三才」。天為陽，地為陰，天地陰陽協和交融，則萬物以長。人為萬物之長在天地之間，所以必須遵循天地之法則。天規定了人間的倫理秩序、等級尊卑，規定了人間政權的歸屬。觀乎《尚書》與《逸周書》兩書，政權的合法性首先必須源自上天之明命，否則便無以立足。凡是涉及到國家政治生活中的大事，諸如政權更迭、君主廢立、征伐、遷徙、建都等事，無不是上天的意志。

《尚書·盤庚》：「先王有服，恪謹天命。茲猶不常寧。不常厥邑，於今五邦！今不承於古，罔知天之斷命，矧曰其克從先王之烈？」〔註5〕盤庚為避免水患，復興殷商，率領臣民把國都遷到殷，但遭到了來自各方面的反對。《盤庚》為記錄其告諭臣民的文字。遷都自然是盤庚經過深思熟慮之後的決定，然其卻不能以此來勸諭臣民，只能依天命而立說。以上天的名義申說遷都之必要性、重要性，以此來平復臣民的不滿情緒。

這種勸諭的手段在《尚書》與《逸周書》中極為常見，可見天命觀在周人心目中的根深蒂固。兩書不論是在解決現實問題還是追溯歷史時所採取的都是以「天命」立說的態度和手段。兩書中所提及的最為古老的歷史分別是《尚書》中之《呂刑》和《逸周書》中之《嘗麥》，其文曰：

> 王曰：「若古有訓，蚩尤惟始作亂，延及於平民，罔不寇賊，鴟義奸宄，奪攘矯虔。……上帝監民，罔有馨香德，刑發聞惟腥。皇帝哀矜庶戮之不辜，報虐以威，遏絕苗民，無世在下。……皇帝清問下民鰥寡有辭於苗。德威惟畏，德明惟明。乃命三后，恤功於民。伯夷降典……」（《尚書·呂刑》）〔註6〕

> 昔天之初，□作二后，乃設建典，命赤帝分正二卿，命蚩尤於宇少昊，以臨四方，司□□上天未成之慶。蚩尤乃逐帝，爭於涿鹿之河，九隅無遺。赤帝大懾，乃說於黃帝，執蚩尤，殺之於中冀。

〔註5〕 《尚書正義》，《文淵閣四庫全書》影印本，臺灣商務印書館。
〔註6〕 《尚書正義》，《文淵閣四庫全書》影印本，臺灣商務印書館。

以甲兵釋怒，用大正順天思序，紀於大帝，用名之曰絕轡之野。乃
命少昊請司馬鳥師，以正五帝之官，故名曰質。天用大成，至於今
不亂。(《逸周書‧嘗麥》) [註7]

兩篇文章在追溯古史時對人類最早的首領的提法略有不同，一為「三后」說，
一為「二后」說。「三后」之所指明確，指「伯夷、禹、稷」。而「二后」之
所指不明，不同學者有不同的看法。潘振、唐大沛以為二后所指為伏羲、神
農，陳逢衡以為指赤帝和蚩尤。朱右曾則以為「二后」為「元后」之誤。丁
宗洛以為指赤帝、黃帝。考之《嘗麥》全文，「二后」作赤帝與蚩尤解當更為
合理，更符合文義。不論是《呂刑》之「三后」還是《嘗麥》之「二后」，也
不論「二后」之所指究竟為誰，其能夠成為人類最早的首領都是受命於天。
羅家湘在對《嘗麥》和司馬遷《史記‧五帝本紀》中關於黃帝事跡的記載進
行了對比研究後指出，《史記》在敘述兩次大戰時，其人物和地點都與《嘗麥》
的記載發生矛盾。從人物看，《嘗麥》中蚩尤與赤帝的涿鹿之戰變成了蚩尤與
黃帝的涿鹿之戰；從地點看，蚩尤與黃帝的涿鹿之戰相當於《嘗麥》的中冀
之戰。《史記》的記載顯然是為了突出黃帝戰無不勝的形象，而將兩次大戰都
記在了他的名下。而《嘗麥》則把一切的人事變動都看作是實現天命的手段。
從二后說向三皇五帝說演變過程中，對蚩尤地位的安排表現出古史整理強烈
的道德傾向性。從赤帝、蚩尤二后制到黃帝集天命於一身，天命轉移成為權
力變化的解說辭。[註8] 古史中所發生的一切其時間地點究竟為何，我們難以
確定。但羅家湘對於天命和古史整理的看法則是正確的。綜觀兩書，其歷史
敘事莫不以天命為最根本的解說辭，應用於各個場景。尤其值得注意的是在
對天命的反覆申說中所體現出的道德傾向。這是周人對天命觀的新發展，這
種新發展具體體現在他們對天命之轉移的解釋上。

　　周人在追溯和記錄夏商周政權更迭時漸漸洞悉了歷史發展的決定性因素
在人之德而非天之命。天命這一神秘力量也並非完全不可洞悉，「天聰明，自
我民聰明；天明畏，自我民明畏」，[註9] 透過民眾之心與眼乃可窺見天命轉
移之迹象。並且逐步指出了天命與君德、民心之間所存在的非常緊密的聯繫，
隨二者之狀況而變化和轉移。《尚書‧微子之命》:「猷！殷王元子。惟稽古，

[註7]　《逸周書》，孔晁注，《四部叢刊》本。
[註8]　羅家湘:《逸周書研究》，上海古籍出版社，2006 年版，第 164～166 頁。
[註9]　《逸周書》，孔晁注，《四部叢刊》本。

崇德象賢。統承先王，修其禮物，作賓於王家，與國咸休，永世無窮。嗚呼！乃祖成湯克齊聖廣淵，皇天眷祐，誕受厥命。撫民以寬，除其邪虐，功加於時，德垂後裔。爾惟踐修厥猷，舊有令聞，恪愼克孝，肅恭神人。予嘉乃德，曰篤不忘。上帝時歆，下民祗協，庸建爾於上公，尹茲東夏。欽哉，往敷乃訓，愼乃服命，率由典常，以蕃王室。弘乃烈祖，律乃有民，永綏厥位，毗予一人。」〔註10〕在周人眼中，成湯能夠克配天命是因為他能夠崇德象賢、撫民以寬。德與民成為受命的關鍵。

綜合而言，兩書中之天命觀思想雖承古而來，然已有了進一步的發展。以敬畏天命為形式，敬德保民為思想內核。並在此基礎上提出了以德治國、民為邦本的政治主張。在闡釋和維護君主專制制度的同時，以敬德為王權設定了理想的道德約束力，要求君王自覺認識到民眾對社會歷史的決定力量，自覺善政養民，奠定了中國古代社會政治制度的理論基礎，開創了很高的古代政治文明。

二、以史為鑒思想

以史為鑒，這是兩書最為重要的主題之一。小邦周取代大邑商成為天下共主，周朝的統治者們對於他們所造就的歷史也充滿了不確定感，對於敗落在他們手中的殷商之亡，周人們尤其留意。他們以審愼的態度對殷商的滅亡進行反思，總結歷史經驗教訓。對此他們創造了一個專有詞彙：殷鑒。殷之喪未遠，以此來時時自省。因此，正如上文所指出的，指斥商紂之罪始終是兩書的重要內容。

兩書對於商紂罪行的描寫，是一個逐步深化、不斷塑造，最終成為一個標誌性符號的過程。最初周朝統治者對商紂的指責基本上限定於寵溺婦人，殘害天下，不行祭祀之事以及官人無狀這幾個方面。然而，隨著對這一話題的不斷重申，紂王便成為了一個時刻提醒周人警醒的標誌性符號。對於商紂罪行的陳述也越來越具有針對性，例如《尚書‧酒誥》。衛國為殷商故地，素有淫樂縱酒之風。周人建立政權之後想要改變這種惡習，於是周公告誡康叔到衛國去宣傳戒酒。《酒誥》即為周公命令康叔在衛國宣佈戒酒的誥詞。這篇誥詞認眞總結了歷史經驗教訓，闡述了戒酒的重要性。其中一段文字如下：

〔註10〕 《尚書正義》，《文淵閣四庫全書》影印本，臺灣商務印書館。

> 我聞亦惟曰：「在今後嗣王，酣，身厥命，罔顯於民祗，保越
> 怨不易。誕惟厥縱，淫泆於非彝，用燕喪威儀，民罔不盡傷心。惟
> 荒腆於酒，不惟自息乃逸，厥心疾很，不克畏死。辜在商邑，越殷
> 國滅，無罹。弗惟德馨香祀，登聞於天；誕惟民怨，庶群自酒，腥
> 聞在上。故天降喪於殷，罔愛於殷，惟逸。天非虐，惟民自速辜。」
> 〔註11〕

這段文字中有兩點值得我們注意，首先「我聞亦惟曰」似乎意味著商紂的這
一罪行並非可以作實的。且在周朝的文誥中，商紂的罪行也越來越多樣化，
從最初的幾項開始，到《酒誥》中的酗酒、《多方》中的祭品不潔，周人所指
斥的商紂罪惡越來越具體而多樣。對於商紂罪行的細化、全面化傾向在《詩
經》中的相關篇章也可以看到，例如《詩經·大雅》中的《蕩》，其詩曰：

> 文王曰咨，咨女殷商。曾是彊御？曾是掊克？
> 曾是在位？曾是在服？天降滔德，女興是力。
> 文王曰咨，咨女殷商。而秉義類，彊御多懟。
> 流言以對。寇攘式內。侯作侯祝，靡屆靡究。
> 文王曰咨，咨女殷商。女炰烋於中國。斂怨以爲德。
> 不明爾德，時無背無側。爾德不明，以無陪無卿。
> 文王曰咨，咨女殷商。天不湎爾以酒，不義從式。
> 既愆爾止。靡明靡晦。式號式呼。俾晝作夜。
> 文王曰咨，咨女殷商。如蜩如螗，如沸如羹。
> 小大近喪，人尚乎由行。內奰於中國，覃及鬼方。
> 文王曰咨，咨女殷商。匪上帝不時，殷不用舊。
> 雖無老成人，尚有典刑。曾是莫聽，大命以傾。
> 文王曰咨，咨女殷商。人亦有言：顛沛之揭，
> 枝葉未有害，本實先拔。殷鑒不遠，在夏后之世。〔註12〕

此詩擬文王口吻而作，其中所斥商紂之罪可謂已「登峰造極」，於人君所犯眾
惡已無所不括了。紂王也終於成爲了「天下之惡皆歸」之人。

　　另一個值得注意的地方是，周朝統治者對於商紂罪行的指斥也越來越具
有明確的指向性，逐漸開始和周人想要實施的具體政治舉措相結合。周人從

〔註11〕《尚書正義》，《文淵閣四庫全書》影印本，臺灣商務印書館。
〔註12〕《毛詩正義》，中華書局，十三經注疏本。

商紂之罪中取其所需，批判所集中的角度和方面往往根據現實情況而定，《泰誓》、《牧誓》中包羅多方的指斥已經慢慢隱退。也就是說，具體的惡行究竟是怎樣已不再那麼重要，重要的是這種種行爲所造成的惡果，所能夠給予人們的警示作用和可資警戒之處。商紂所代表的也已遠不僅僅是他個人，而是他背後那隨之覆滅的整個商王朝，以及這個王朝覆滅所帶給人們的深深的震撼和思考。以商紂爲鑒，即是以商爲鑒，更是以史爲鑒。

周人以史爲鑒的思想觀念不僅僅集中表現在對商紂之罪的鑒戒之上。應該說這是貫穿了《尚書》和《逸周書》兩書的基本思想之一，貫穿了他們對於整個人類歷史的反思中，不僅僅限於有商一代之歷史。《尚書》、《逸周書》中《文傳》、《嘗麥》諸篇對於夏朝歷史的記載正體現了這一點。例如《嘗麥》篇，其中一段文字記載了夏朝五子之亂的史實，其文曰：

其在啓之五子，忘伯禹之命，假國無正，用胥興亂，遂凶厥國。

皇天哀禹，賜以彭壽，思正夏略。〔註13〕

《逸周書》中第六十一篇爲《史記》。有學者認爲《史記》篇所記爲周穆王命左史戎夫在月朔日望進講要戒之言，藉以自鏡。所指當是今本《竹書紀年》中所謂「二十四年，王命左史戎夫作《記》」之事，〔註14〕可爲一說。《史記》一文中共舉包括皮氏、華氏、夏后氏、殷商、有虞氏、平林、質沙、三苗、扈氏、義渠、平州、林氏、曲集、有巢、共工、林氏、上衡氏、南氏、有果氏、畢程氏、陽氏、谷平、阪泉、縣宗、玄都、西夏、績陽、有洛氏等二十八國敗亡之原因，「取遂事之要戒」，〔註15〕爲統治者提供鑒戒。《史記》一篇對於每一國的滅亡原因都用簡短的語言寫出，是爲史官爲君主講史的提綱性質的記錄。君主是主動從各國之往事中吸取教訓，以資借鑒。史官從這二十八國的滅亡中所提取出的教訓大概有以下幾種：（1）外交原則：依據國力強弱，妥善處理國與國之間的關係。「弱小在強大之間，存亡將由之，則無天命矣。不知命者死。有夏之興也，扈氏弱而不恭，身死國亡」。（2）領導階層特別是君主的品德、才能對於國家興亡所起的作用非常關鍵，不可忽視。君主才德不修，則必然會使國家陷入災難。「宮室破國。昔者，有洛氏宮室無常，池圃廣大，工功日進，以後更前，民不得休，農失其時，飢饉無食，成商伐

〔註13〕 《逸周書》，孔晁注，《四部叢刊》本。

〔註14〕 羅家湘：《逸周書研究》，上海古籍出版社，2006年版，第227頁。

〔註15〕 《逸周書》，孔晁注，《四部叢刊》本。

之，有洛以亡」；「美女破國。昔者，績陽強力四征，重丘遺之美女，績陽之
君悅之，熒惑不治，大臣爭權，遠近不相聽，國分爲二」。〔註16〕（3）君主
施政當執其兩端而用其中，懲賞要分明而有度，賞失其度或濫用刑罰都必將
導致臣民之亂。「嚴兵而不□者，其臣懾。其臣懾而不敢忠，不敢忠則民不親
其吏。刑始於親，遠者寒心，殷商以亡」。〔註17〕

　　在這裡統治者們對於歷史的態度已經不再是圍繞天命來講說歷史，從而
達到自己的種種目的，諸如要求臣民服從等。而是以審慎的態度去對待過往，
從中汲取養分。這種態度的轉變在《尙書》與《逸周書》的記載中是可以尋
到的。在兩部典籍中較早的一些篇章中，對於歷史的申說往往和發佈政令相
連，而隨著時間的發展，歷史似乎越來越受到尊敬，已不純粹是天命轉移更
迭的體現，功利性漸次淡漠開來，君主開始從歷史中主動尋找可資借鑒之事。

三、聖王崇拜思想

　　歷史所能夠提供給人們的，當然不會僅是以商紂爲代表的反面典型所帶
來的教訓，與之相應的還有對聖王的崇拜，以及對於先王法典的承繼與遵守。

　　察乎《尙書》與《逸周書》兩書，對於先哲王的稱頌往往是與對紂王惡
行殘德之批判成對出現。兩書中所稱頌的一系列聖王也是逐漸上推，從最初
的文王上溯至王季、后稷、成湯、夏禹。對於聖君明主的推崇在兩書中比比
可見：

> 爾眾士其尚迪果毅，以登乃辟。功多有厚賞，不迪有顯戮。嗚
> 呼！惟我文考若日月之照臨，光於四方，顯於西土。惟我有周誕受
> 多方。（《泰誓》）

> 王若曰：「孟侯，朕其弟，小子封。惟乃丕顯考文王，克明德
> 慎罰；不敢侮鰥寡，庸庸，祗祗，威威，顯民，用肇造我區夏，越
> 我一、二邦以修我西土。惟時怙冒，聞於上帝，帝休，天乃大命文
> 王。殪戎殷，誕受厥命越厥邦民，惟時敘，乃寡兄勖。肆汝小子封
> 在茲東土。」（《康誥》）

> 周公曰：「嗚呼！我聞曰：昔在殷王中宗，嚴恭寅畏，天命自
> 度，治民祗懼，不敢荒寧。……嗚呼！厥亦惟我周太王、王季，

〔註16〕《逸周書》，孔晁注，《四部叢刊》本。
〔註17〕《逸周書》，孔晁注，《四部叢刊》本。

克自抑畏。文王卑服，即康功田功。徽柔懿恭，懷保小民，惠鮮鰥寡。自朝至於日中昃，不遑暇食，用咸和萬民。文王不敢盤於遊田，以庶邦惟正之供。文王受命惟中身，厥享國五十年。」（《無逸》）〔註18〕

王曰：「嗚呼，公，朕皇祖文王、烈祖武王，度下國，作陳周，維皇皇上帝，度其心，置之明德。付畀於四方，用應受天命，敷文在下。我亦維有若文祖周公，暨列祖召公，茲申予小子，追學於文武之蔑。用克龕紹成康之業，以將天命，用夷居之大商之眾。」（《祭公》）

師曠告善，又稱曰：「古之君子，其行可則，由舜而下，其孰有廣德？」

王子應之曰：「如舜者天，舜居其所以利天下，奉翼遠人，皆得己仁，此之謂天。如禹者，聖勞而不居，以利天下，好取不好與，必度其正，是謂之聖。如文王者，其大道仁，其小道惠。三分天下而有其二，敬人無方，服事於商，既有其眾，而返失其身，此之謂仁。如武王者義，殺一人而以利天下，異姓同姓各得其所，是之謂儀。」（《太子晉》）〔註19〕

上引內容多是對於包括堯舜在內的先聖的道德功績的歌頌，這種聖王崇拜的傳統也被後世傳承了下去，《論語・泰伯》中孔子嘗言：「大哉堯之為君也！巍巍乎！唯天為大，唯堯則之，蕩蕩乎，民無能名焉。巍巍乎其有成功也，煥乎其有文章！」〔註20〕然而，兩書中所體現出的聖王崇拜的傳統卻又絕不僅僅停留在對道德功績的陳述與歌頌上。先哲王之道德行為值得歌頌，更值得他們去承繼和遵行下去的是先王所立之常法。所謂「余聞在昔，訓典中規」（《小開武》），「古朕聞文考修商人典」（《世俘》），對於先哲王法典的承繼與遵守，是周人一以貫之的傳統。

《逸周書》中多處提及先王之法典，並保存了其中的一部分。現摘錄部分：

文王受命之九年，時維暮春，在鎬，太子發曰：「吾語汝所保

〔註18〕 《尚書正義》，《文淵閣四庫全書》影印本，臺灣商務印書館。
〔註19〕 《逸周書》，孔晁注，《四部叢刊》本。
〔註20〕 《論語注疏》，中華書局，十三經注疏本。

所守，守之哉！……土多民少，非其土也；土少人多，非其人也。
是故土多，發政以漕四方，四方流之；土少，安帑，而外其務方輸。
《夏箴》曰：中不容利，民乃外次。《開望》曰：土廣無守，可襲
伐；土狹無食，可圍竭。二禍之來，不稱之災。天有四殃，水旱饑
荒，其至無時，非務積聚，何以備之。《夏箴》曰：小人無兼年之
食，遇天饑，妻子非其有也。大夫無兼年之食，遇天饑，臣妾輿馬
非其有也。戒之哉！弗思弗行，至無日矣。」（《文傳》）

　　維王一祀二月，王在酆，密命訪於周公旦曰：「嗚呼！余夙夜
維商，密不顯，誰和？告歲之有秋，今余不獲，其落若何？」周公
曰：「茲在敬德。……茲順天。天降瘝於程，程降因於商。商今生萬，
萬右有周。維王其明用《開和》之言，言孰敢不格？」（《大開武》）

　　維武王勝殷，撫國綏民，乃觀於殷政，告周公旦曰：「嗚呼，
殷政總總，若風草有所積，有所虛，和此如何？」周公曰：「旦聞
禹之禁，春三月，山林不登斧，以成草木之長；三月遄不入網罟，
以成魚鱉之長。且以並農力執，成男女之功。夫然則有生而不失其
宜，萬物不失其性，人不失七事，天不失其時，以成萬財。既成，
放此為人。此謂正德。泉深而魚鱉歸之，草木茂而鳥獸歸之；稱賢
使能，官有材而士歸之；關市平，商賈歸之；分地薄斂，農民歸之。
水性歸下，農民歸利。王若欲求天下民，社設其利，而民自至，譬
之若冬日之陽，夏日之陰，不召而民自來。此謂歸德。」（《大聚》）

　　惟十有二祀四月，王告夢。丙辰，出金枝《郊寶》、《開和》細
書，命詔周公旦立後嗣，屬太子誦，文及《寶典》。王曰：「嗚呼！
敬之哉！汝勤之無蓋□周未知所周不知商□無也。朕不敢望，敬守
勿失，以詔宥。」小子曰：「允哉。」「汝夙夜勤性之無窮也。」（《武
儆》）〔註21〕

上引數段文字中《開望》、《夏箴》、《開和》、「禹之禁」等均為先王所傳之法
典。對這些文字進行分析，我們可以看出周人對於先王法典的態度。

　　《文傳》中「太子發曰」句有脫文，盧文弨據《太平御覽》卷八十四、
卷一百四十六於此句前增「召」字、於「曰」字下增加了「嗚呼，我身老矣」

──────────

〔註21〕《逸周書》，孔晁注，《四部叢刊》本。

六字。「所保」以下作「與我所守，傳之子孫」。〔註22〕此篇爲文王思己已老，爲太子擔心，恐其不能將基業繼承發揚下去，故召其至前，對其進行告誡，告知太子，作爲人君所應保守者，爲其陳述爲君之大法。《夏箴》，孔晁注曰：夏禹之箴戒書也。《開望》，孔晁注曰：古書名也。〔註23〕丁宗洛以爲「望」爲「箴」之誤，「開」爲「啓」之諱，《開望》當作《啓箴》；劉師培以爲《開望》爲《歸藏》之一篇，即《山海經注》中所引的《歸藏・啓箴》。〔註24〕但《夏箴》、《開望》均爲前代所流傳下來的典籍則可肯定。文王向太子發闡述爲君所應保、應守者之時引用了其中的內容來闡明狀況，並以此來神明作爲人君應何去何從。

《大聚》，潘振云：大聚，所集者大也。陳逢衡以爲其與《文傳》彷彿。此篇所記述者性質與《文傳》確然相類。所述者爲建國安民，發展經濟的一整套措施。此文爲武王勝殷之後考察殷朝的政策法令，認爲殷朝的政策法令繁多而混亂，老百姓就像北風吹動的野草，有積聚在一起的地方，也有空虛的地方。周公針對這一局面提出了一系列的解決方案。周公在文中闡述了自文王處承繼而來的舉措，如何實行風化，如何吸引人口，設置各級行政規劃，如何設立各種行政崗位來管理公眾，如何聚合民力，保護資源，使資源能夠爲民生財。而要做到保護資源，使其爲民生財這一點，周公向武王提出了「禹之禁」，指出要按照「禹之禁」行事，保護資源。從中可以看出，先哲王所制定的種種禁令、總結出的種種經驗都依然是周代統治者們所奉行的行爲規範和準則。也可以看出周人的聖王崇拜絕不只是停留在口頭或者流於形式，而是滲透在了他們政治生活中的各個具體的方面，他們以此來「監戒善敗，護守勿失」。

《世俘》篇中有文曰「乙卯，籥人奏崇禹生開三終，王定」。孔晁注云：《崇禹》、《生開》，皆篇名。告非一，故連日有事也。〔註25〕劉師培云：籥人奏崇禹生開三終，孔注《崇禹》、《生開》皆篇名。案「崇禹」即夏禹，猶鯀稱崇伯也。開即夏啓。《崇禹生開》當亦夏代樂舞，故實即禹娶塗山女生啓事也，孔云皆篇名似非。顧頡剛也以爲《崇禹生開》爲一篇，而非如孔晁所云

〔註22〕 《逸周書補注》，陳逢衡，道光五年修梅山館刻本。
〔註23〕 《逸周書》，孔晁注，《四部叢刊》本。
〔註24〕 黃懷信等：《逸周書彙校集注》，上海古籍出版社，2007年。
〔註25〕 《逸周書》，孔晁注，《四部叢刊》本。

為兩篇。〔註 26〕《崇禹生開》當為一篇，為夏代所傳樂歌。從這條記載我們也能夠看出，歷史中的賢君明主不僅僅為周人樹立了法典成為他們所奉行的準則，所謂「周因於殷禮」，周人所承繼下來的還有前代聖主所制定的包括各種儀式樂歌在內的禮儀制度。

　　聖君賢臣之言行道德是兩書記錄的重點，我們可以從這些文字中感受到周人對歷史的尊重。歷史是他們所有行為發生的意義所在地，他們在歷史中尋求對與錯的答案。正如《逸周書・常訓》所說，「夫民群居而無選，為政以始之。始之以古，終之以古。行古至今，政之至也。政維今，法維古。」

第二節　政治權力觀

　　《尚書正義》云：「《洪範》本體與人主做法，皆據人主為說。」〔註 27〕孔穎達這句斷語，同樣適用於評價《尚書》和《逸周書》。通觀兩部典籍之全文，其語域基本都集中在統治集團內部，所關心的焦點問題也都是君主權利的確立與鞏固、官員的選拔與考察等。也就是說兩書的編輯目的是為人主服務，幫助其治理國家，成為聖君的。那麼兩部典籍所體現出的政治思想是否一致，有何異同呢？本節將對此進行詳細的分析與探討。

一、政治權力的獲取與傳承

（一）君主權力的獲得與確認

　　《孟子・萬章上》有言曰：「使之主祭而百神享之，是天受之。使之主事而事治，百姓安之，是民受之也。」〔註 28〕這裡包含了我國傳統思想中兩個極為重要的方面即神權思想和民本思想。古代中國，君主獲得統領一切的政治權力的途徑只有兩個：天授或民與。一為神權思想之觀念，一為民本思想之體現。不同的歷史階段，對於天授和民與的強調也程度不同，各有側重。殷商時期，天授的神權思想占主導地位。而商末周初，民本思想萌芽，民與之觀念漸受重視。

　　上古人類無法解釋其周圍的種種現象，生命的起源、死亡的真相等等這

〔註 26〕 黃懷信等：《逸周書彙校集注》，上海古籍出版社，2007 年。
〔註 27〕 《尚書正義》，《文淵閣四庫全書》影印本，臺灣商務印書館。
〔註 28〕 《孟子正義》，中華書局，十三經注疏本。

一切都使他們感到好奇與敬畏，給他們帶來一種神秘的感受，而把神秘的感受表述為神秘力量的存在也是早期人類的思想世界中不言而喻的事情。他們認為世界上有一種「神秘的力量」存在於普遍的事物與現象之中，規定著世間的一切秩序，支配著萬事萬物。

在早期中國人的觀念中，「天」便是這一神秘力量的主宰者。葛兆光在其《中國思想史》中曾經對以下幾個考古的發現所代表的意義進行分析。它們分別是良渚玉琮、濮陽蚌殼龍虎和淩家灘玉版。良渚文化遺址（1982 年江蘇武進墩 4M，1986 年浙江餘杭反山 12M）中發現的大玉琮使玉琮的時代可以追溯到公元前三千年以前。玉琮外方內圓、柱形中空、飾以動物紋樣，是古代一種十分重要的禮器。葛兆光認為：「它的形制象徵了天與地，並且刻有種種協助神秘力量的動物圖案，又由玉這種據說可以通神的質料製成，根據人類學家的推測，古代人的聯想是按照相似性原則進行的，玉琮是玉所製，本身十分聖潔，它的外部被雕成方形，與古人心目中的大地相同，而它的內部又是圓形，與古人心目中的天穹相似，它的中間是空的，能夠象徵天地上下的相通，所以可以在祭祀時供奉天地，擁有溝通天地、接引神鬼的神秘力量。如果這一推測不錯，那麼古代中國很早就有了『天圓地方』、上下四方的空間觀念。」而河南濮陽西水坡仰韶文化遺址的 45 號墓中發現的用蚌殼擺成的龍虎圖案，1987 年安徽含山淩家灘第四號墓出土的玉龜玉版上所刻的富有神秘意味的指向四方及八方的、外方內圓的圖案。都寄寓著方位或天地等有關的東方文化觀念。「這更讓人相信，比我們過去知道的要早得多，中國人已經有了天圓地方、大地有四極八方、四方有神祇作為象徵的空間觀念。」這一切表明，中國古代思想世界一開始就與「天」相關，由天地四方的神秘感覺和思想出發的運思與想像，是中國古代思想的一個原初起點。〔註29〕

就殷墟卜辭所見，殷商時期人們已經將神秘力量神格化，並將它們大體上組成了一個有秩序的神的系譜。在此系譜中，最為權威的諸神之神是「帝」。「帝」的語源意義是生育萬物，殷商人用其作為萬物之源的「天」的代表。「帝」能夠「令雨」、「令風」、「令霽」、「降禍」、「受又（祐）」、「受年」，並管理一切人間的事物，包括王的行動、年成、戰爭等。君主所擁有的公共權力也來自於「帝」。也就是說殷商時期，「天授」或曰「神授」是獲取政治權力的唯

〔註29〕葛兆光：《中國思想史》第一冊，復旦大學出版社，2001 年版，第 16～18 頁。

一途徑，這種權力的合法性與權威性不言而喻，毋庸置疑。「天」是一切智識的來源，只有通過「通天」這一途徑，才能獲得統治人間的智慧和權力。也因此夏商之時的君主往往首先是能夠溝通天地人神之間的巫師，他們以「天」的名義來統治人民。神權與王權統一在君主的身上。

張光直的《殷周關係的再檢討》曾指出周朝「從文化上看，他們屬於殷商的一系。」〔註30〕此說不誤。商雖爲周所滅，然而當時的先進文化的代表者仍然是商文化。周代商而爲天下共主，同時也繼承了商人的先進文化，繼而有所發展。「天」的權威繼續保持的同時，民的作用逐漸受到重視，民與的觀念也逐漸得以與天授之觀念分庭抗禮。通過對《尚書》與《逸周書》進行考察，我們可以對古代中國天授和民與的觀念及二者的轉變有比較深刻的瞭解。

1、《尚書》中所見之相關觀念

《尚書·大禹謨》：「帝曰：『禹！官占惟先蔽志，昆命於元龜。朕志先定，詢謀僉同，鬼神其依，龜筮協從，卜不習吉。』」〔註31〕意爲：「禹啊！官占的方法要先斷定志向，然後才命令大龜顯示吉凶。我把帝位授予你的志向已經先定好了，詢問眾人的意見時，都和我相同，鬼神依從，龜卜占筮的結果也協同一致，況且，占卜也不須重複判定吉凶啊。」

這段話向我們展示的是堯舜禹時期轉讓帝位的過程。首先要由上一任君主選擇一個合適的人選，然後詢問眾人的意見，最後通過龜卜占筮來判定吉凶。可以看出這個過程裏面是雜糅了「天授」和「民與」兩種觀念。雖然舜帝詢謀的對象並不是廣大的民眾，然而，人的因素已經在這裡到了突顯。通過龜卜占筮詢問上天的意見也只是針對由人所選定的這個固定的對象。從某種角度來說，神權成爲爲王的意志服務的手段。這裡所體現的情況和《尚書》一書所體現的對君主權力的合法性來源的看法是基本一致的。透過這一段文字，也能體現出當時人們對於「天」的態度。

《尚書》一書中「天」字共出現 2700 餘次。大多爲有意志力的「天」，具有超越人類社會的權威性。當「天」字作主語或者動作的施行者時，所連用的賓語多是「命」、「威」、「災」、「罰」、「福」、「咎」等，其結果則往往關乎一個國家或個人的命運存亡。這與殷墟卜辭中所見的殷商時人的思想觀念

〔註30〕張光直：《殷周關係的再檢討》，《中國青銅時代》，三聯書店，1983 年版。
〔註31〕《尚書正義》，《文淵閣四庫全書》影印本，臺灣商務印書館。

相同。然而，值得注意的是，除此之外，《尚書》中還存在近 60 處純粹意指自然性質之「天」。這說明對於有意志力的天的存在，對於它所擁有的至高無上的權威，人們不再深信不疑，對於「天」的看法已經開始向不同的方面發展。下面以《泰誓》上篇爲例，作簡單的分析。《泰誓》上部分原文如下：

> 惟十有三年春，大會於孟津。
>
> 王曰：「嗟！我友邦冢君越我御事庶士，明聽誓。惟天地萬物父母，惟人萬物之靈。亶聰明，作元后，元后作民父母。
>
> 今商王受，弗敬上天，降災下民。沉湎冒色，敢行暴虐，罪人以族，官人以世，惟宮室、臺榭、陂池、侈服，以殘害於爾萬姓。焚炙忠良，刳剔孕婦。皇天震怒，命我文考，肅將天威，大勳未集。
>
> 肆予小子發，以爾友邦冢君，觀政於商。惟受罔有悛心，乃夷居，弗事上帝神祇，遺厥先宗廟弗祀。……乃曰：『吾有民有命！』罔懲其侮。天祐下民，作之君，作之師，惟其克相上帝，寵綏四方。有罪無罪，予曷敢有厥志？
>
> 同力度德，同德度義。受有臣億萬，惟億萬心；予有臣三千，惟一心。商罪貫盈，天命誅之。予弗順天，厥罪惟鈞。予小子夙夜祗懼，受命文考，類於上帝，宜於冢土，以爾有眾，底天之罰。天矜於民，民之所欲，天必從之。爾尚弼予一人，永清四海。時哉弗可失！」〔註32〕

《泰誓》是周武王伐商大會諸侯的誓師之詞。文章稱因爲商王紂對上天神祇不恭敬，不進行祭祀，對待下民又不知愛護。統治混亂，使得皇天震怒，故此受命周王，使之代爲懲罰商王。

從這篇誓詞中我們可以看出，首先，「天」依舊是不容置疑的權威，周武王伐商奪取政治權力的依據仍然是「天」的意志。周武王始終強調的是，此次伐商乃是奉了皇天的聖命，並一再表示不敢不順從「天」的意志。而同時，人的意願得到了重視，成爲「天」有所行動的最初動因。也就是說除了「天」的意志是價值的終極依據之外，「人」的感情也成爲價值的合理依據。所謂「天聰明，自我民聰明；天明畏，自我民明威。」天的權威與民的意志被直接聯繫了起來。借天的權威來強調民的重要性。某種程度上，民甚至成

〔註32〕 《尚書正義》，《文淵閣四庫全書》影印本，臺灣商務印書館。

爲天的意志的主宰，所謂「民之所欲，天必從之」，這樣一來，周人實際上抹殺了「天授」和「民與」之間的本質差別，使二者得到了內在的統一。

　　同樣的意思，在《尚書》中的很多篇章均有所體現，例如《五子之歌》，其文曰：「述大禹之戒以作歌。其一曰：皇祖有訓，民可近，不可下。民惟邦本，本固邦寧。……予臨兆民，懍乎若朽索之取六馬。爲人上者，奈何不敬？」〔註33〕「本」指樹根，這段話說如果國家像一棵樹，那麼民則是樹根。樹根穩固，樹才能健康生長。人民穩定，國家才能安寧。民是國家的根本。面對民眾，治理人民，就像用腐朽的繩子駕馭六匹馬拉的車那樣懼怕危險，作爲統治者，怎麼能不敬？

　　《尚書》所體現的對待「天」和「民」的態度非常有意味，一方面接受承繼卜辭中所見的「天」觀念而來，充分肯定「天」的權威，「天授」依然是獲取政治權力的合法性來源。同時《尚書》所見之「天」又與卜辭所見之「天帝」觀念有所不同。據陳夢家《殷虛卜辭綜述》，雖然在殷商時代，天地自然之神與祖宗先妣之靈已逐漸結合，比如，以先祖先公先王上賓於天，叫做「賓帝」，但是殷代的「上帝與人王並無血緣關係。」〔註34〕《尚書》中的很多篇幅則均出現了「天子」一詞，如《說命》：「天子惟君萬邦」；《洪範》：「天子作民父母，以爲天下王」。這表明，《尚書》中有「天」的觀念而以王爲天子，「天」與人君之間是存在著血緣關係。這種倫理關係的建立，爲「天授」和「民與」之間的變化做了準備。

2、《逸周書》中所見之相關觀念

　　《逸周書》中有《商誓》篇，是周武王訓誡殷人舊族的實錄，是全書中比較具有代表性的篇章。文中對周人如何獲取政治權力進行了詳盡的敘述。周武王經牧野之戰，在對商戰爭中取得決定性勝利，通過武力取代了商朝成爲天下共主，建立了周朝。然而，其政權的合法性並未得到商朝舊眾的認可，新生的政權依然面臨著許多亟待解決的問題。殷商舊族內部還存在著嚴重的不安定情緒，隨時可能釀成叛亂，危及剛剛建立的周王朝。於是，周武王必須及時安撫殷商舊族。《商誓》即是武王對殷商舊臣百姓進行訓誡的一篇誥辭。其文曰：

　　　　王曰：「嗟！爾眾：予言若敢顧天命，予來致上帝之威命明罰。

〔註33〕《尚書正義》，《文淵閣四庫全書》影印本，臺灣商務印書館。
〔註34〕陳夢家：《殷虛卜辭綜述》，中華書局，2004年版。

今惟新誥命爾，敬諸！朕話言自一言至於十話言，其惟明命爾。」

　　王曰：「在昔后稷，惟上帝之言，克播百穀，登禹之績。……」

　　「今在商紂，昏憂天下，弗顯上帝，昏虐百姓，奉天之命。上帝弗顯，乃命朕文考曰：『殪商之多罪紂！』肆予小子發不敢忘天命。朕考胥翕稷政，肆上帝曰必伐之。予惟甲子克致天之大罰，□帝之來，革紂之□。予亦無敢違天命。敬諸！昔在我西土。我其齊言胥告，商之百無罪，其維一夫。予既殛紂，承天命，予亦來休命爾百姓、里居、君子，其周即命。（此處脫29字）爾冢邦君無敢其有不見告於我有周。其比冢邦君我無攸愛，上帝曰必伐之。

　　「今予惟明告爾……天王其有命，爾百姓獻民其有綴芳。夫自敬其有斯天命，不令爾百姓無告。西土疾勤，其斯有何重？天維用重，勤興起我，罪勤我無克乃一心。爾多子其人自敬，助天永休於我西土，爾百姓其亦有安處在彼。宜在天命，□及惻興亂，予保奭其介有斯勿用天命若朕言在周，曰商百姓無罪，朕命在周。其乃先作，我肆罪疾，予惟以先王之道御復正爾百姓，越則非朕，負亂惟爾，在我。」

　　王曰：「百姓，我聞古商先哲王成湯克辟上帝，保生商民，克用三德，疑商民弗懷，用辟厥辟。今紂棄成湯之典，肆上帝命我小國曰：『革商國！』肆予明命汝百姓：其斯弗用朕命，其斯爾冢邦君商庶百姓，予則□劉滅之。」

　　王曰：「霍！予天命維既，咸汝克承天休於我有周，斯小國於有命不易。昔我盟津，帝休辨商，其有何國？命予小子肆我殷戎，亦辨百度，□□美左右，予予肆劉殷之命。今予維篤祐爾，予史大史違我，史視爾靖疑。胥敬請！其斯一話敢逸僭，予則上帝之明命。予爾拜拜□百姓，越爾庶義庶刑，予維及西土，我乃其來即刑。乃敬之哉！庶聽朕言，周胥告！」〔註35〕

這篇誥辭中武王首先將自己定位為上帝的代言人，聲稱自己是順應上天的旨意，來執行上帝威嚴的命令和顯明的懲罰，即文中所謂「予言若顧天命，予來致上帝之威命明罰」。若，順也。繼而追溯周人的歷史，以其始祖后稷奉上

〔註35〕　《逸周書》，孔晁注，《四部叢刊》本。

帝之命播種百穀的功績來證明周人為何能夠得以顯大，克受天命。再歷數商紂的罪行，「昏憂天下，弗顯上帝，昏虐百姓，奉天之命」，其中「奉天之命」當為「棄天之命」，「奉」為「棄」之誤字。因為商紂殘虐百姓，違背上天的命令，於是上帝不再祐護商王，命令西土文王「殄商之多罪紂」，殄，殺也。由此出發，周武王告誡商朝舊眾，他依從上帝的命令誅殺了多罪的紂王，眾人應該遵從上帝的意志，和周人一條心，幫助上天永遠嘉美我們西土。

　　「其乃先作我肆罪疾予惟以先王之道御復正爾百姓越則非朕負亂惟爾在我」一句或有錯簡，故斷句及解釋向來眾說紛紜，未有定論。我認為此句應讀為：「其乃先作，我肆罪疾。予惟以先王之道御，復正爾百姓。越則負亂，非朕惟爾。」「在我」二字為衍文。其意為：「如果有人率先作亂，我就致罪於他。我只是用先王之道來統治你們，治理你們。所以說越乎法則，仗勢作亂的，是你們這些商朝的舊眾百姓，不是我。」最後鄭重地告誡商眾，是你們的紂王「棄成湯之典」，我奉上帝之意革商之命，所以，你們這些商朝的舊族如果不服從我的統治，那麼我就會再次對他執行上帝的明命，對他用刑。

　　《周書序》云：「武王命商王之諸侯綏定厥邦，申義告之，作《商誓》」。〔註36〕從周武王的這番申說之辭中，我們可以看到，周武王面對蠢蠢欲動的商朝舊眾，所採取的策略是，以「天」的權威來為自己取得的政治權力爭取合法性。上帝的意志與命令是周人的所有行為的依據，周人的政權也因此擁有了天然的不容置疑的合法性。周人政權乃自「天授」，體現的是上帝的意志，這就是周武王反覆申說的大義之所在。可見，在當時人的思想中，「天授」還是政治權力合法性的最為正統的來源。

　　《商誓》所體現的這一觀點無疑是《逸周書》的思想中極為重要的一部分。然而，我們決不能就此武斷地認為這就是《逸周書》全書的唯一觀點。《逸周書》中「天」字出現共計 284 次。除「天命」一詞外，「天子」、「天時」等詞也極為常見。僅《祭公》一篇就出現「天子」達七次之多，說明天與人主之間的倫理關係已經成為一種常識，被確立下來。《小開武》記載周公開導武王，陳述治國之道，其中談到七順。七順中的第一條即為「順天得時」。數篇兵書中「攻天時」一詞也極為常見。所謂「順天時」、「攻天時」，這是已然將「天」作為自然之天來對待了。

　　且就《逸周書》中《小開武》、《度邑》等篇章內容來看，殷商時期所存

〔註36〕　《逸周書》，孔晁注，《四部叢刊》本。

在的那種神權和王權的高度集中的狀況在周朝建立之後已有所改觀。武王雖然是國家的君主，卻不具備通天的能力，能夠溝通天地鬼神的是周公。武王在垂危之際，欲立周公，言曰「乃今我兄弟相後，我筮龜其何所即？今用建庶建。」〔註37〕何所，言無用也。庶建，不傳子而傳弟也。然而能夠溝通天地人神的周公在武王死後並沒有稱王，僅代政七年，後致政成王。神權與王權自此分離，神權正式讓位於王權，爲王權服務。天神意志的權威性也逐漸消失。

（二）政治權力的傳承

中國古代政治中的君統的傳承有兩種形式，一爲世襲，所重者乃在血統，傳親。一爲禪讓，所重乃在德行，傳賢。孔子曾言：「大道之行也，與三代之英，丘未之逮也，而有志焉！大道之行也，天下爲公。選賢與能，講信修睦。故人不獨親其親，不獨子其子。使老有所終，壯有所用，幼有所長，矜寡孤獨廢疾者，皆有所養。男有分，女有歸。貨惡其棄於地也，不必藏於己，力惡其不出於身也，不必爲己。是故謀閉而不興，盜竊亂賊而不作。故外戶而不閉，是謂大同。」〔註38〕大同社會是孔子的政治理想，是終其一生所努力踐行的奮鬥目標。所主張的正是天下爲公，選賢與能的禪讓之制。這是儒家的政治理想中極爲重要的一方面。曾有學者認爲禪讓學說並非儒家的發明，將其歸於戰國時期的墨家名下。但在郭店竹簡中《唐虞之道》篇的出土後，這一觀點已不攻自破。

《尚書》與《逸周書》兩部典籍在君統傳承這一問題的看法上體現出了高度的一致性。

《堯典》爲《尚書》首篇，文章所記載的是孔子所盛稱的三代之事。序曰：「昔在帝堯，聰明文思，光宅天下。將遜於位，讓於虞舜，作《堯典》」。〔註39〕從文章所記載的內容看，當堯之時，帝位的繼承人必須是德行純良高尚的，而這樣的繼承人要經過選拔而最終認定，所謂「於衆賢之內，舉而用之」。選拔的範圍十分廣泛，沒有血緣的限制，也沒有社會地位的限制，如文所說「明明揚側陋」，可以明察貴戚中的賢良，也可以推舉地位卑微的賢良之士。虞舜正是因其「濬哲文明，溫恭允塞，玄德升聞」而終陟帝位。

〔註37〕《逸周書》，孔晁注，《四部叢刊》本。
〔註38〕《禮記·禮運》篇，見《十三經注疏》，中華書局影印本。
〔註39〕《尚書正義》，《文淵閣四庫全書》影印本，臺灣商務印書館。

　　《益稷》篇記有舜帝的一段話：「無若丹朱傲，惟慢遊是好，傲虐是作。
罔晝夜頟頟，罔水行舟。朋淫於家，用殄厥世。」〔註40〕意為：「不要像丹
朱那樣傲慢，惟好慢褻之遊，為此惡事，不分晝夜，無休無止。又喜陸地行
舟，群朋淫泆於室家之內。因此絕其嗣，未能繼承帝位。」丹朱為堯之子。
《史記・五帝本紀》：「堯知子丹朱之不肖，不足授天下，於是乃權授舜。」
〔註41〕從這些文章的記載來看，似乎在堯帝之時已經有世襲思想的萌芽，至
少帝子在繼承君主之位時是具有優先權的。否則，丹朱是否能繼承帝位便不
成其問題。也就不會有《史記》所言「禹亦乃讓舜子，如舜讓堯子」之狀況。
然而，《尚書・虞夏書》等諸篇文獻對不考慮繼承者德行的世襲制採取了全
然否定的態度，對舉賢而授之的禪讓制度給予了充分的肯定。

　　《尚書・虞夏書》向我們展示的堯舜禹三帝所遵行的禪讓制度，其核心
精神在於「傳賢」二字，其本質是對「德」的肯定和推崇。認為帝位惟有德
者方能居之。

　　觀乎《尚書》全書，即便是在世襲制完全被人們普遍接受的時代。每遇
君主昏庸失德，禪讓制的核心精神——「傳賢」便會自然復蘇，從某種程度
上促成朝代的更叠。《仲虺之誥》為湯放桀後，內心不安，仲虺對其進行勸勉
的誥辭。其部分原文曰：

　　　　成湯放桀於南巢，惟有慚德。曰：「予恐來世以臺為口實。」
　　仲虺乃作誥，曰：「嗚呼！惟天生民有欲，無主乃亂，惟天生聰明時
　　乂。有夏昏德，民墜塗炭，天乃錫王勇智，表正萬邦，纘禹舊服，
　　茲率厥典，奉若天命。夏王有罪，矯誣上天，以布命於下。帝用不
　　臧，式商受命，用爽厥師。簡賢附勢，實繁有徒。……矧予之德，
　　言足聽聞。……」

纘，繼承，繼續之意。

　　這篇誥辭中，仲虺將昏亂失德的夏桀從君統中剔除了出去，而將救民於
塗炭之中的成湯納入君統之中，直承禹帝。也就是說失德便等於失去了繼承
君統之資格，就需要有一個德行高尚的賢者來取而代之，這是天經地義的，
更不需要有什麼愧意。

　　《逸周書》中有《殷祝》一文，所述者也是湯放桀之事。其末段曰：

〔註40〕　《尚書正義》，《文淵閣四庫全書》影印本，臺灣商務印書館。
〔註41〕　《史記》，中華書局，1959年版。

　　　　湯放桀而復薄，三千諸侯大會。湯退，再拜，從諸侯之位。湯
　　曰：「此天子位有道者可以處之。天子，非一家之有也，有道者之有
　　也。故天下者，唯有道者理之，唯有道者紀之，唯有道者宜久處之。
　　　　湯以此讓，三千諸侯莫敢即位，然後湯即天子之位。……」〔註42〕

按「湯退」之句有脫文，據《藝文類聚》、《太平御覽》所引《周書》之文，
此句當爲：「湯取天子之璽，置之天子之坐左，退而再拜，從諸侯之位」。
〔註43〕

　　《殷祝》這段文字將成湯通過武力取得政權一事闡釋爲「道」的問題，
也可以看作是對重德舉賢的禪讓制的精神內核做了進一步的申說。

　　《太子晉》一篇記述周靈王的太子晉與師曠的一番談話。其中一段涉及
古帝王之論。其文曰：

　　　　師曠告善，又稱曰：「古之君子，其行可則。由舜而下，其孰
　　有廣德？」王子應之曰：「如舜者天，舜居其所，以利天下。奉翼遠
　　人，皆得己仁，此之謂天。如禹者聖，勞而不居，以利天下，好取
　　不好與，必度其正，是謂之聖。如文王者，其大道仁，其小道惠；
　　三分天下而有其二，敬人無方，服事於商；既有其眾，而返失其身，
　　此之謂仁。如武王者義，殺一人而以利天下，異姓同姓各得之謂義。」
　　〔註44〕

太子晉應師曠之問，對「古之君子」列而論之。所論者包括舜、禹、文王、
武王。太子晉將以武力奪取政權的文王、武王同列入堯舜禹的聖王系統之中，
是很有意味的。這說明，在他看來，昏庸的紂王因其醜德惡行理應被排斥在
君王道統之外，僅爲「一獨夫」耳。武王殺紂，並不是什麼僭越之舉。其舉
體現了「義」之所在。究其根本，文王、武王的克商而代之，是有德的賢者
的勝利。太子晉的這一看法，究其根本，所申張體現的正是禪讓制的內在精
神。而其在後文更有「未有一姓而再有天下者」之語。這包含了禪讓觀念的
近乎預言的話語，更每每在朝代更叠間被提及與深化。

　　兩書對於三帝禪讓的讚頌，對湯、武革命所持的肯定態度，其中所體現
出的政治思想無不與儒家思想若合符節。儒家所提倡的「天下爲公」的社會

〔註42〕《逸周書》，孔晁注，《四部叢刊》本。
〔註43〕黃懷信等：《逸周書彙校集注》，上海古籍出版社，2007年版，第1045頁。
〔註44〕《逸周書》，孔晁注，《四部叢刊》本。

理想、孟子所言「賊仁者謂之賊，賊義者謂之殘，殘賊之人，謂之一夫。聞誅一夫紂矣，未聞弒君也」〔註45〕等等在兩部典籍中都可找到呼應，顯示出兩部典籍與儒家學者的緊密關聯。

二、政治權力的使用與分配

君主獲得政治權力之後，便要依據一定的標準來挑選合適的人才去擔任不同的職務，幫助其治理國家。這就是政治權力的使用與分配。這個選拔人才，任用官員的過程，在我國古代被稱爲「官人」。

《荀子·王霸》曰：「人主者，以官人爲能者也。」〔註46〕官人選才，進賢拔能是我國古代政治中舉足輕重之政務。是否能夠正確地選拔人才，爲人民服務，關係到一個國家的前途與命運，是天子必須認真對待的要務。正因爲此，官人之舉歷來備受關注與重視。這在先秦典籍中可以得到印證。《左傳·襄公十五年》：「楚於是能官人。官人，國之急也，能官人，則民無覬心。」〔註47〕《詩》云：『嗟我懷人，寘彼周行』能官人也。土及公、侯、伯、子、男、甸、探、衛大夫，各居其列，所謂周行也。」〔註48〕又《詩經·大雅·棫樸》，詩序云：「文王能官人也。」孫毓云：「此篇美文王之能官人，非稱周地之多賢才也。國事莫大於祀，神莫大於天，必擇俊士與共其禮，故舉祭天之事，以明官人之義。」〔註49〕能官人，是國家興盛、政治清明的必要條件。只有官人有道，方能萬里清謐。如果認識不到這一點，則會失政，爲國家招來禍患。《詩經·小雅》有《十月之交》一詩，對於此詩主旨，詩序云：「大夫刺幽王也。」其詩云：「十月之交，朔月辛卯。日有食之，亦孔之醜。彼月而微，此日而微；今此下民，亦孔之哀。日月告凶，不用其行。四國無政，不用其良。彼月而食，則維其常；此日而食，于何不臧。」〔註50〕詩中稱朔月辛卯所以日有食之者，乃日月欲告天下王有凶亡之征，而所以有凶亡之征者，是由於天子未能任用賢能而致使四國無政。由此可見，在古代人的心中，品藻人倫，簡其才能，選拔有德者爲人民服務，乃是君主之常道，

〔註45〕《孟子正義》，《十三經注疏》，中華書局影印本。
〔註46〕《荀子集解》，王先謙撰，中華書局，1988年版，第213頁。
〔註47〕《春秋左傳注疏》，《文淵閣四庫全書》影印本，臺灣商務印書館。
〔註48〕《毛詩注疏》，《文淵閣四庫全書》影印本，臺灣商務印書館。
〔註49〕《毛詩注疏》，《文淵閣四庫全書》影印本，臺灣商務印書館。
〔註50〕《毛詩注疏》，《文淵閣四庫全書》影印本，臺灣商務印書館。

是爲人君者所必須重視的事情。否則國家政治便會由此而混亂，終至民不聊生。

既然進賢拔能的官人之舉爲國之要務，那麼，「官人」之時當遵奉什麼樣的原則，以什麼樣的具體標準去衡量，從而更有效地選拔出賢能自然成爲一個倍受關注的問題。《尚書》與《逸周書》中的多個篇章對於「官人之法」都有闡述。正如《魏書‧蕭寶夤傳》所存《考功表》所說：「臣聞《堯典》有黜陟之文，《周書》有考績之法」。〔註51〕本節將對兩部典籍中的「官人思想」進行梳理與比較，以期對這一問題有更爲深刻的認識。

（一）官人的基本原則

郭店楚簡《唐虞之道》提出：「堯舜之行，愛親尊賢。愛親，故孝；尊賢，故讓。……六帝興於古，咸由此也。」〔註52〕愛親尊賢是堯舜的官人之策，也是六帝的用人之道。實際上，這也是我國古代一直奉行的一項標準。《國語‧晉語四》：「愛親明賢，政之幹也。」〔註53〕周代的封建制度乃是宗法貴族政體，所實行的是世官世祿制，對此，閻步克《士大夫政治演生史稿》說：

> 西周冊命金文中屢見之「官司乃祖考事」一類語句，即是世官制普遍存在之強證。這在春秋並無根本改變。《左傳》隱公八年：「官有世功，則有世族」。選官上愛親、昭舊族、共舊族每每與明賢、明賢良、選賢良並列，此實即以世舉賢，舉賢大致不出世族之內。〔註54〕

愛親尊賢，這是從三代開始就被奉行的官人之基本原則，基本規定了君主選官的範圍。商周兩代直至春秋戰國所實行者均沒有從根本上違背這一原則。

《尚書‧盤庚》中曾經提到：「古我先王，亦惟圖任舊人共政。」〔註55〕古我先王，指成湯及其以後諸明王。圖，謀也。舊人，世臣舊家之人。共政，共與國事。或讀政爲匡正之正。此句意爲，古時我們的先王們也謀求任用世臣舊家的人共與國事。此外，《盤庚》中還引用有古史之語。「遲任有言曰：『人惟求舊，器非求舊，惟新。』」遲任，孔穎達《尚書正義》引鄭玄注云：

〔註51〕 《魏書》，《四部備要》，中華書局，1989年版。
〔註52〕 《郭店楚墓竹簡》，文物出版社，1998年版。
〔註53〕 《國語》，上海古籍出版社，1998年版。
〔註54〕 閻步克：《士大夫政治演生史稿》，北京大學出版社，1996年版，第134頁。
〔註55〕 《尚書正義》，《文淵閣四庫全書》影印本，臺灣商務印書館。

「古之良史」。〔註56〕遲任言人求舊，器求新，盤庚引用此語，重點顯然在於人求舊。舊人，指舊的家族，並非具體之某個人而言。商周之時，舊的家族不論從血緣關係或政治關係都與王室極爲親近。多與王室爲同宗，或世代與王室合作並有功於王室。由《盤庚》可知，用親、用老、用舊這一官人原則古已有之，至商朝依然爲統治者所奉行。

至周朝，所實行者依然如是。《逸周書》中有「四戚」一詞。見於《大武》、《小開》、《大開武》、《文政》諸篇。

> 政有四戚、五和，攻有四攻、五良，……四戚：一內姓、二外婚、三友朋、四同里。（《大武》）

> 動有三極，用有九因，因有四戚、五私。極明與，與有畏、勸。汝何異非義，何畏非世，保勸非樂？（《小開》）

> 王拜曰：「允哉！余聞國有四戚、五和、七失、九因、十淫，非不敬，不知。今而言維格，余非廢善以自塞，維明戒是祗。……四戚：一，內同外；二，外婚姻；三，官同師；四，哀同勞。」（《大開武》）

> 九典：一，祗道以明之；……四，四戚以勞之；五，位長以遵之；六，群長以老之……（《文政》）〔註57〕

考察以上諸篇，所載者多是統治者就治國方略所進行總結和闡釋。「四戚」是君主治理國家所必須依賴的中堅力量。「四戚」者，孔晁云：言所宜親也。陳逢衡云：此皆與國同休戚者。〔註58〕

《大武》與《大開武》兩篇對「四戚」的具體所指進行了概括，但是略有出入。一、內姓。《大開武》作「內同外」，與《大武》異。丁宗洛、朱右曾均以爲「內同外」當作「內同姓」，諸家皆從。〔註59〕此爲睦宗族之意。二、外婚姻。妻父曰婚，壻父曰姻。此爲卹婚姻之意。三、《大武》爲友朋；《大開武》作官同師。關於此，劉師培云：《大開武解》四戚：『一內同姓，二外婚姻，三官同師，四哀同勞』，與此略同。竊以爲同師即此友朋。同門曰朋。古者宦學事師，學成入官，故同僚恒出於同師。〔註60〕《芮良夫解》

〔註56〕《尚書正義》，《文淵閣四庫全書》影印本，臺灣商務印書館。
〔註57〕《逸周書》，孔晁注，《四部叢刊》本。
〔註58〕《逸周書補注》，陳逢衡，道光五年修梅山館刻本。
〔註59〕朱右曾：《逸周書集訓校釋》，《皇清經解續編》本。
〔註60〕《周書補正》，《劉申叔遺書》，南桂馨校印本。

云：『惟爾執政朋友』是亦同官稱朋友者。四、《大武》作「同里」，《書抄》一百十八引「同里」為「同盟」。《大開武》作「哀同勞」。此二者未知孰為正文。

《文政》篇論述「九典」，其四曰：「四戚以勞之」。丁宗洛改「四戚」為「因戚」，朱右曾從。〔註61〕考察文意，竊以為「四戚」為《逸周書》中一固定詞語，此處似以不改為上。陳逢衡云：四戚以勞之，親親也。〔註62〕

「四戚」所體現的是用親之原則。《尚書‧泰誓》中周武王在誓師之時歷數商紂王的罪行，「今商王受，力行無度，播棄犁老，昵比罪人。淫酗肆虐，臣下化之，朋家作仇，脅權相滅。無辜籲天，穢德彰聞」。孔穎達《尚書正義》云：孫炎曰：「耉，面凍梨色似浮垢也。」然則老人背皮似鮐，面色似梨，故「鮐背之耉」稱「梨老」。傳以「播」為布。布者，遍也，言遍棄之，不禮敬也。《經義述聞》：黎老者，耆老也，古字黎與耆通。〔註63〕《逸周書‧皇門》中有「克有耉老據屏位」，《釋詁》云：「鮐背、耉、老，壽也。」孔晁云：「耉老，賢人也。」屏位，陳逢衡云：如《玉藻》所謂某屏之臣是也。或曰屏攝之位，言能承祀也。〔註64〕《尚書‧泰誓》將對老人棄之不敬列為穢德之一，《皇門》之言耉老居屏位，所體現的便是用老、用舊這一官人原則。《逸周書》中有《史記》一文，文中歸納歷史上諸多國家敗亡的原因與教訓。內有「昔有果氏好以新易故，故者疾怨，新故不和，內爭朋黨，陰事外權，有果氏以亡」〔註65〕一文。有果，國名。史官認為有果氏滅亡就是因為執政者任人之時不能用舊所造成的。

我們說古代統治者官人遵循用親、用老、用舊的原則，但這絕非任人唯親、惟老、惟舊。實際上純粹的「官人以世」被認為是君主昏庸的表現，是被徹底否決的。為臣者對於國家統治的重要性，我國古代的執政者一向有非常清醒的認識。《尚書‧益稷》：「帝曰：『臣作朕股肱耳目。予欲左右有民，汝翼。予欲宣力四方，汝為』」。孔穎達《尚書正義》：「君為元首，臣為股肱耳目，大體如一身也。足行手取，耳聽目視，身雖百體，四者為大。故舉以為言。鄭玄云：『動作視聽皆由臣也』。」「《釋詁》云：『左、右、助，慮也』

〔註61〕朱右曾：《逸周書集訓校釋》，《皇清經解續編》本。

〔註62〕《逸周書補注》，陳逢衡，道光五年修梅山館刻本。

〔註63〕《尚書正義》，《文淵閣四庫全書》影印本，臺灣商務印書館。

〔註64〕黃懷信等：《逸周書彙校集注》，上海古籍出版社，2007年版。

〔註65〕《逸周書》，孔晁注，《四部叢刊》本。

同訓爲慮，是『左右』得爲助也。立君所以牧人，人之自營生產，人君當助救之。」〔註66〕翼，輔佐。這句話的意思通俗言之就是，大臣是我的得力助手。我想幫助百姓，你們輔佐我。我想花力氣治理好四方，你們幫助我。由此可見臣之重要性。《逸周書·史記》：「久空重位者危。昔有共工，自賢，自以無臣，久空大官，下官交亂，民無所附，唐氏伐之，共工以亡。」〔註67〕更將臣子的任命和國家生死存亡的前途聯繫起來。

也正因爲此，統治者進一步提出了「用賢」這一原則。這在《尚書》與《逸周書》中均多次提及。

> 「惟治亂在庶官。官不及私昵，惟其能；爵罔及惡德，惟其賢。」（《尚書·說命》）

> 「列爵惟五，分土惟三。建官惟賢，位事惟能。重民五教，惟食喪祭。惇信明義，崇德報功。垂拱而天下治。」（《尚書·武成》）。〔註68〕

> 「內備五祥、六衛……五祥：一、君選擇，二、官得度……」（《逸周書·酆保》）

> 「稱賢使能官有材而歸之」（《逸周書·大聚》）

> 「好貨財珍怪，則邪人進。邪人進，則賢良日蔽而遠。賞罰無位，隨財而行。夏后氏以亡。」（《逸周書·史記》）

> 「不幸在不聞其過，福在受諫，基在愛民，固在親賢。」（《逸周書·王佩》）〔註69〕

由此可知，《尚書》與《逸周書》中所提倡的「官人」之基本原則是用親、用老、用舊、用賢。用賢與前三者並行而不悖，所謂「愛親明賢，政之幹也」正是對這一原則的最好概括。並且親、老、舊、賢最終統一在被選拔者所具備的才能、德行上。即《尚書·周官》所謂「推賢讓能」、「舉能其官」。〔註70〕而這一原則其實也與前文所述兩書對於政權的看法密切相關，有著內在的一致性。

〔註66〕《尚書正義》，《文淵閣四庫全書》影印本，臺灣商務印書館。
〔註67〕《逸周書》，孔晁注，《四部叢刊》本。
〔註68〕《尚書正義》，《文淵閣四庫全書》影印本，臺灣商務印書館。
〔註69〕《逸周書》，孔晁注，《四部叢刊》本。
〔註70〕《尚書正義》，《文淵閣四庫全書》影印本，臺灣商務印書館。

（二）選拔官員的具體標準

「官人」一詞最早即出於《尚書》。《尚書·皋陶謨》：「皋陶曰：『都！在知人。在安民。』禹曰：『吁！咸若時，惟帝其難之。知人則哲，能官人。安民則惠，黎民懷之。能哲而惠，何憂乎驩兜？何遷乎有苗？何畏乎巧言令色孔壬？』」〔註71〕《漢書》卷五十四《楊震列傳》有「皋陶誡虞，在於官人」〔註72〕一語，可謂一語中的。《皋陶謨》是《尚書》中一篇系統闡述官人之法的文章。

此文以問答形式記錄了虞舜與皋陶關於官人之法的一番對話。皋陶開篇即言：「允迪厥德，謨明弼諧」。迪，蹈也。厥，其也，指古人。鄭玄箋為：「言人君當信蹈古人之德，謀廣聰明以輔諧其政。」〔註73〕皋陶此語乃為天子立法，指出為天子者當蹈履依行古人之德，受納人言，增廣見識，博大一己之「聰明」，以輔弼其政，最終達到和諧的境地。要做到這一點，則要「慎厥身修」，注重個人的修養，繼而「惇敘九族」，即厚次敘九族。王者率己以化物，親親以及遠。最終「庶明勵翼」使黎民眾生能夠明其教化，爭奉上命。而所有這一切具體實行的出發點則在知人、安民。

基於此，皋陶提出了「九德」作為考察人的具體標準。九德即「寬而栗、柔而立、願而恭、亂而敬、擾而毅、直而溫、簡而廉、剛而塞、彊而義」。這九德都是人性之不同方面，而每一項裏都包含一對相對的概念，兩者兼而有之，完美結合，方能成為一德。鄭玄云：「凡人之性有異，有其上者，不必有下，有其下者，不必有上。上下相協，乃成其德。」〔註74〕我們先對這九德一一作解。

「寬而栗」：鄭箋曰：「性寬弘而能莊栗」。為人性格寬弘，則易失於緩慢，如寬弘的同時亦能矜莊嚴栗，二者相協，則可成為一德。

「柔而立」：鄭箋曰：「和柔而能立事」。性格溫和柔弱者，往往失於優柔，倘個性柔順的同時又能夠有主見，即可成一德。

「願而恭」：鄭箋曰：「愨願而恭恪」。願者往往遲鈍，過於隨和而於儀有失。隨和而不失莊重，是為一德。

〔註71〕　《尚書正義》，《文淵閣四庫全書》影印本，臺灣商務印書館。
〔註72〕　《漢書》，《四部備要》，中華書局，1989年版。
〔註73〕　《尚書正義》，《文淵閣四庫全書》影印本，臺灣商務印書館。
〔註74〕　《尚書正義》，《文淵閣四庫全書》影印本，臺灣商務印書館。

「亂而敬」：鄭箋曰：「有治而能謹敬」。「亂」，治也，此爲常訓。此處指
　　　具有治世之能力。才高於常人，往往會負才輕物。故如有治
　　　世之才而能謹愼認眞乃可稱德。

「擾而毅」：鄭箋曰：「擾，順也。致果爲毅」。《周禮‧大宰》：「以擾萬
　　　民」擾訓爲馴；《司徒》：「安擾邦國」，擾訓爲安。故此處擾
　　　解釋爲安馴、馴服。毅爲強毅果敢。個性馴服者往往失於不
　　　斷，故和順而能決斷乃爲德。

「直而溫」：鄭箋曰：「行正直而氣溫和。」身行正直者往往棱角過於分
　　　明，正直而溫和不突兀，方爲一德。

「簡而廉」：鄭箋曰：「性簡大而有廉隅。」正義曰：「簡者，寬大率略之
　　　名。志遠者遺近，務大者輕細，弘大者失於不謹，細行者不
　　　修廉隅，故簡大而有廉隅乃爲德也。」意爲寬大簡潔而又不
　　　忽略小節。

「剛而塞」：鄭箋曰：「剛斷而實塞。」剛，指剛正果敢。塞，訓爲實。
　　　正義曰：「剛而能斷失於空疏，必性剛正而內充實乃爲德也。」
　　　剛而塞，意指剛正果敢而又踏實、實事求是。

「彊而義」：鄭箋曰：「無所屈撓，動必合義。」正義曰：「強直自立，無
　　　所屈撓，或任情違理，失於事宜，動合道義乃爲德也。」執
　　　己所是，堅定不撓，所行又能符合道義的規定，則可稱德。

　以上即爲皋陶所列用於考察人的九德，需要注意的是，這裡所謂「九德」並不像其後的仁義禮智信等那樣具備道德範疇的意義。而僅僅是從性格、心理及行爲能力諸方面來考量人的具體內容。以此九德爲具體考察內容，皋陶進一步提出了評判的標準，即所謂「日宣三德，夙夜濬明有家。日嚴祗敬六德，亮采有邦。翕受敷施，九德咸事，俊乂在官。」對於那些能夠每日布行九德中的三德，早夜思之，待明而能行之者，可以任用爲卿大夫。而那些日日嚴敬其身，又能做到九德中六德者，則可使有國，任其爲諸侯。而天子能將這些擁有三德或六德的俊才統統納而用之，便能使所有具有九德之人都能得到相應的任用。

　《皋陶謨》比較完整地體現了《尚書》對於「官人」的認識以及如何進賢拔能，考察任用官員的標準。即以「九德」爲具體的考察內容，輔以一定的評判任命標準，來爲國家選拔有德之人，使賢者能各居其位，從而實現國

家的長治久安。需要注意的還有《皋陶謨》中所提到的「天聰明，自我民聰明。天明畏，自我民明威」，在以「九德」來考察人的時候，要從人民的角度出發，以人民的感受為耳目查察人之善惡與是否有德。這使得《皋陶謨》一文所主張的「官人之法」中閃爍著民本主義的光芒。《皋陶謨》的這些主張在《尚書》的其他篇章中也得到了體現與呼應。

《尚書·舜典》中記載了堯帝聞虞舜之賢，欲讓位於舜。對其進行了一番考察，結論是舜「濬哲文明，溫恭允塞」，「玄德升聞」，於是「乃命以位」。所謂「濬哲文明，溫恭允塞」，疏曰：「此舜性有深沉智慧，文章明鑒，溫和之色，恭遜之容，」言其有深遠之智，且色溫而貌恭，具文明之德，信能充實上下。這裡所肯定的舜所具有的德性，與《皋陶謨》所舉九德，頗有相契合處。而《舜典》後半部分中更提倡「直而溫，寬而栗，剛而無虐，簡而無傲」，即一種「正直而溫和，寬弘而莊栗，剛毅而不苛虐，簡易而不傲慢」的人格，這四點更可與「九德」中相關內容一一對應。由此也體現出了《尚書》一書思想上的內在一致性。

如果說《尚書》中所提的「官人」傾向於從形而上的道德層面對人進行認知與判定的話。《逸周書》中的「官人」之法顯然要更為具體。

《逸周書》第 58 篇為《官人》，所記為周公向成王闡述選官察人之法。此篇又見於《大戴禮記》題作《文王官人》。《文王官人》較之《官人》內容上少最後一段文字，但兩文的基本內容大致相同。惟《文王官人》所記乃文王為太師姜尚講述官人之法。《官人》提出「觀誠、考言、視聲、觀色、觀隱、揆德」作為考察人的六種方法，稱之為「六徵」。此六徵，《文王官人》作「觀誠、考志、視中、觀色、觀隱、揆德」。

列在首位的「觀誠」，是最為重要的知人之法。曾有學者將「觀誠」中所提出的知人之法歸納為（一）「因人而異觀察法」：對於富貴者、貧賤者、嬖寵者、隱約者這些不同的人群從不同的角度去審視。例如，對富貴者要觀其是否有禮施，而貧賤者則要觀其是否有德守等。（二）「分時段觀察法」：對處於不同年齡階段的人，所觀者亦大不同。（三）「人際關係觀察法」：從被考察者所處人際關係的不同，考察他德行的不同方面。（四）「情景觀察法」：從其居處、其出入、其處喪哀時等不同情景對其進行不同方面的考察。（五）「實驗性觀察法」：設計種種狀況，例如設之以謀、示之以難、煩之以事、臨之以

利等，觀察他在不同狀況下所展現的品質。〔註75〕

　　這末一種「實驗性觀察法」是我國古代最富特色，也最爲常用之方法。有學者曾對此進行分析，指出「實驗性觀察法在春秋戰國時代最流行，《吳越春秋》卷九所載越國計倪的觀人之術與《官人》的實驗性觀察法近似。…《呂氏春秋・論人》知人有八觀六驗、六戚四隱之法。……六驗屬於『實驗性觀察法』……」。〔註76〕

　　「考言」，《文王官人》作「考志」。王念孫云：「考言」，當作「考志」。下文自「方與之言，以觀其志」以下皆考志之事。又曰「弱志者也」、「志治者也」，則當作「考志」明矣。今作「言」者，蓋因篇內多「言」字而誤。《大戴記・文王官人篇》正作「考志」。〔註77〕考察這部分內容，所考察的最終目的確爲人之「志」，「言」是考其志的手段。「考言」這部分所採用的是對比法。按照志向之所在、志向之大小、能否堅守志向、心理及行爲傾向等將考察對象分爲七種類型。每種類型都列出相對立的兩方面進行對比。曰益者與日損者；有質者與無質者；平心而固守者與鄙心而假氣者；有慮者與愚依人者；果敢者與弱志者；質靜者與始誣者；志治者與以無爲有者。

　　「視聲」，《官人》文曰：「誠在其中，必見諸外。以其聲，處其實。氣初生物，物生有聲，聲有剛柔清濁好惡，咸發於聲」。潘振云：處，分別也。言誠於中，必形於外，以其聲分別其心之實。心者，聲之所從出也。朱右曾以爲，處，定也。「聲有剛柔清濁好惡」句，「聲」當據于鬯改爲「氣」，文意方通。于鬯云：「聲」字當作「氣」，必涉下文諸聲字而誤。不知言聲有剛柔、清濁、好惡，咸發於氣，故下文即云「心氣華誕者，其聲流散」云云。且若作「聲」，則既言「聲有」，又言「發於聲」，意義重複無理，此誤字顯然者。〔註78〕

　　「視聲」這一考察方法以及它所內含的思維方式可謂淵源有自。我國傳統的思維方式不同於西方的邏輯謹嚴，不習慣於抽象而習慣於具象，感知事物重直覺體驗。《易經》所體現出的有機整體論是我國傳統思維的最顯著特徵。在古代中國人的眼中，自然界中的萬事萬物都不是獨立存在的，而是一

〔註75〕伏俊連：《人物志研究》，甘肅人民出版社，1999年版，第40頁。
〔註76〕羅家湘：《逸周書研究》，上海古籍出版社，2006年版，第228～229頁。
〔註77〕黃懷信等：《逸周書彙校集注》，上海古籍出版社，2007年版。
〔註78〕黃懷信等：《逸周書彙校集注》，上海古籍出版社，2007年版。

個有著內在聯繫的有機整體。《易經》中有「觀象取義」說，「象」不是別的，就是種種意象，即代表某種物象或現象，而這些物象或現象中一定隱含著某種意義。整個自然界與人類社會是一個相互貫通的隱喻系統。由此出發，形成了我國古代認知事物的獨特方式。憑著對事物可以感知的特徵爲依據，通過感覺與聯想，得出某種結論。所以人們認爲，一個人的內心世界必定會在其聲的剛柔清濁上有所體現。《易·繫辭》：「將叛者其辭慚，中心疑者其辭枝，吉人之辭寡，躁人之辭多。誣善之人其辭遊，失其守者其辭屈」。〔註79〕《官人》中的「視聲」之法即源於此。「聽其聲，處其氣。考其所爲，觀其所由。以其前，觀其後。以其隱，觀其顯。以其小，占其大」。

「觀色」，《官人》曰：「民有五氣，喜、怒、欲、懼、憂」。而這五氣蓄積於心，即使想隱藏，也會在神色上表現出來。並進一步在文內對五氣對應之表情一一進行描述，以此來觀察人的內心世界。

「觀隱」，「民生則有陰有陽。人多隱其情，飾其偽，以攻其名。有隱於仁賢者，有隱於智理者，有隱於文藝者，有隱於廉勇者，有隱於交友者：如此，不可不察也」。陳逢衡云：內藏曰陰，外見曰陽。隱其情，陰也；飾其偽，陽也。潘振云：陰主隱，陽主見，人多隱其情實，飾其詐偽，以取其名，陰之所爲也。此隱之所由來也。〔註80〕「觀隱」這部分對作出種種偽飾之人的不同表現進行了一一陳述，作爲考察人的標準。

「揆德」則是對人的德行的綜合性考察，按德性將人分爲非成質者、有仁者、有知者、謙良者、順信者、有守者、有經者、沉靜者、忠孝者、□友者、偽詐者、無誠者、華誕者、竊名者，對人的整體面貌和人格特徵進行全面的衡量和把握。

按照上述官人之法所選拔出來的官員，是否眞的能夠勝任，還需要進一步的考察，即所謂「君選擇，官得度」。《尙書·舜典》：「五載一巡守，群后四朝。敷奏以言，明試以功，車服以庸」。〔註81〕作爲君主，每五年都要巡視一次，諸侯在四嶽朝見，並且都要向君主報告自己的政績。君主要考察他們的政績，功成則賜車服以表顯其能用。另有「三載考績，三考，黜陟幽明，庶績咸熙。分北三苗」。舜帝每三年就會考察一次政績，考察三次後，罷免昏

〔註79〕 《周易正義》，中華書局，《十三經注疏》本。
〔註80〕 黃懷信等：《逸周書彙校集注》，上海古籍出版社，2007年版。
〔註81〕 《尙書正義》，《文淵閣四庫全書》影印本，臺灣商務印書館。

庸的官員，提拔賢明的官員。而管理與考察各級官員的具體標準在《逸周書》的許多篇章中都有提及。「辟必明，卿必仁，正必智，右必和，佐必敬，伯必勤，卒必力」（《武順》），講的是對軍隊各級官員的任職要求；「冑子成人能治上官謂之士。士率眾時作謂之曰伯，伯能移善於眾，與百姓同謂之公。公能樹名與物天道俱謂之侯」（《太子晉》），講的則是從士到侯各個級別官員的任職要求。

第三節　戰爭觀

「國之大事，在祀與戎」，〔註82〕為人君立法者，軍事外交自然為不可輕忽之一項。然而，如孔子所言，「俎豆之事則嘗聞之，軍旅之事未之學也」，〔註83〕也如孟子所說，「吾於《武成》，取二三策而已矣。仁人無敵於天下，以至仁伐至不仁，而何其血之流杵也？」〔註84〕《尚書》因編者的編輯標準之所在，更多表現的是文王、武王、周公的仁政、仁德、誠信之高尚德行。對於諸王的軍事思想並無過多表述，涉及軍事思想的內容也極少。相較之下，《逸周書》所展示給我們的或許是一個更為全面的景象，除了賢君名臣之仁德外，他還向我們顯示了文王、武王在奪取天下的克商戰爭中所使用的詭詐，顯示了其行為中「兇殘」的一面。《逸周書》中有相當一部分為兵書，包含著豐富的軍事思想。

一、《尚書》關於戰爭之思想

《尚書》中沒有專力討論軍事思想之篇章，但在一些篇章中也偶有部分內容涉及軍備與戰爭，我們從吉光片羽中亦可探求出當時人們關於軍備與戰爭的觀點。

從相關篇章的記載來看，《尚書》中所體現出的對待戰爭的態度是極為嚴肅的，作為政治的另一種體現形式，統治者們對戰爭給予了高度的重視。

《說命》中有「惟口起羞，惟甲冑起戎，惟衣裳在笥，惟干戈省厥躬。王惟戒茲，允茲克明，乃罔不休。」《尚書正義》釋此段大意云：「言王者法

〔註82〕《春秋左傳注疏》，《文淵閣四庫全書》影印本，臺灣商務印書館。
〔註83〕《史記》，中華書局，1959年版。
〔註84〕《孟子正義》，中華書局，《十三經注疏》本。

天施化，其舉止不可不愼。惟口出令不善，惟甲冑伐其非罪，以起戎兵，言不可輕教令，易用兵也。惟衣裳在篋笥，不可加非其人，觀其能足稱職，然後賜之。惟干戈在府庫，不可任非其才，省其身堪將帥，然後授之。」〔註85〕將征伐之事列為不可不愼之事，足見當時的統治者對於戰爭的態度確實是愼之又愼。

就當時的思想發展階段而言，「天」的權威性尚存，故他們常常將戰爭與天命聯繫在一起，興兵討伐之時，往往一再強調征伐乃是出於上天的旨意。當時的統治者在發動戰爭之前都會履行一個必要的程序：卜算。這在《尚書・大誥》中有記載，周公在征討叛亂者之前，用文王所遺之寶龜來卜問天意。上天顯示貞祥，而後興兵。這種行為是淵源有自的，從殷商的甲骨卜辭中，我們就看到過關於戰爭的卜問。這種傳統一直延續了下來，《孫子兵法》中記載的所謂「廟算」，當也源於此。因此，強調天命也成為當時人們戰爭觀的一個顯著特點，所謂「爾尚輔予一人，致天之罰，予其大賚汝」，〔註86〕幾乎《尚書》中所有涉及到戰爭的篇章中都有類似的表述。

但周朝是一個理性漸漸覺醒的時代，周人的天命觀也在不斷地起著變化。人民的意願與君主的德行逐漸被看作是社會穩定發展的重要因素。對於軍備與戰爭，周人的觀點也有了進一步的發展。

《泰誓》的上、中兩篇中分別有這樣兩段話：「惟十有三年春，大會於孟津。……惟天地萬物父母，惟人萬物之靈。……同力度德，同德度義。受有臣億萬，惟億萬心。予有臣三千，惟一心」；「朕夢協朕卜，襲於休祥，戎商必克。受有億兆夷人，離心離德。予有亂臣十人，同心同德。雖有周親，不如仁人。」《泰誓》中的這些話語頗能體現出周人所持的觀點。

《泰誓上》為武王伐紂前，於孟津觀兵之時勉勵眾人之誓詞。戰前觀兵，這一行為本身就說明了周人對於戰爭非常重視，並且還非常重視軍備。對於軍備的重視不僅僅體現在對於武力、兵力的關注。還體現在對於軍備中的非軍事因素的高度關注上。此處所說的非軍事因素指的就是「民」與「德」。所謂「同力度德，同德度義」，這充分說明，當時周人已經意識到了非軍事因素在戰爭中所起到的不可忽視的作用。

基於這種認識，周人的戰爭指導思想主要以重仁、德為主導。在戰爭中

〔註85〕 《尚書正義》，《文淵閣四庫全書》影印本，臺灣商務印書館。
〔註86〕 《尚書正義》，《文淵閣四庫全書》影印本，臺灣商務印書館。

習慣於將自己出於正義的一方，爲自己在道德層面的評判中尋求到有利的位置。

謀略永遠是戰爭中不可或缺的重要角色。從《尚書》中的相關內容來看，周人的戰略水平已經達到了一個相當高的水準。

《仲虺之誥》中仲虺在勸誥成湯時說了這樣一段話：「祐賢輔德，顯忠遂良，兼弱攻昧，取亂侮亡，推亡固存，邦乃其昌」，〔註87〕這段僅 24 個字的話語，在先秦的影響卻是非同一般。劉季高從《左傳》中士會、荀偃等人對仲虺之言的引用情況進行分析，認爲仲虺的這段話是商周統治者的軍政寶典。他指出「他們（指士會等人）上距商初，已一千二百年，而仲虺的政治格言，尚如此廣泛地流傳於周之封建系統下各國統治階層之間。那麼時間打一對折，當殷周之際，這一軍政寶典──《仲虺之誥》，在岐周統治階層裏，所受到的重視程度，也就不難推想而知了。亂者取之，亡者侮之，寥寥八字，它是從歷史得出的結論，又是毫不掩飾的赤裸裸的選擇對象向外擴張的指導理論。」〔註88〕

對《左傳》一書中的相關內容進行考察，我們認爲劉季高的這一論點並非言過其實。《左傳》中有三處對於仲虺之言的應用，三段文字如下：

> 夏六月，晉師救鄭。……及河，聞鄭既及楚平，桓子欲還，曰：「無及於鄭而剿民，焉用之？楚歸而動，不後。」隨武子曰：「善。會聞用師，觀釁而動。德立，刑行，政成，事時，典從，禮順，若之何敵之？見可而進，知難而退，軍之善政也。兼弱攻昧，武之善經也。子姑整軍而經武乎，猶有弱而昧者，何必楚？仲虺有言曰：『取亂侮亡。』兼弱也。《汋》曰：『於鑠王師，遵養時晦。』耆昧也。《武》曰：『無競惟烈。』撫弱耆昧以務烈所，可也。」（宣公十二年）〔註89〕

此條所述爲晉軍諸將領討論是否出兵伐楚，隨武子以爲不可擅動。因爲依仲虺之言，對弱者可實施兼併，政治昏昧不明者可攻而伐之，亂者方能取之，亡者則當侮之。晉楚之間的力量對比與當時的情形並不符合「兼弱攻昧，取亂侮亡」之原則，貿然用兵必然會導致失利。

〔註87〕 《尚書正義》，《文淵閣四庫全書》影印本，臺灣商務印書館。

〔註88〕 劉季高：《斗室文史雜著‧談商代的周邦》，上海古籍出版社 2000 年，第 16～17 頁。

〔註89〕 《春秋左傳注疏》，《文淵閣四庫全書》影印本，臺灣商務印書館。

> 晉侯問衛故於中行獻子，對曰：「不如因而定之。衛有君矣，
> 伐之，未可以得志而勤諸侯。史佚有言曰：『因重而撫之。』仲虺有
> 言曰：『亡者侮之，亂者取之，推亡固存，國之道也。』君其定衛以
> 待時乎！」（襄公十四年）〔註90〕

此條所記爲衛國放逐其君，晉侯因此有伐衛之意，於是就此事向中行子進行咨詢，看是否應該出兵。荀偃在分析形勢和用兵的可行性時認爲此時伐衛不妥當。原因是衛初有君，既非弱者昧者，又非亂者亡者，對其出兵顯然並不明智。而不若按照推亡固存之理，對其輔而固之。

> 鄭伯有耆酒，爲窟室，而夜飲酒擊鍾焉，朝至未已。朝者曰：
> 「公焉在？」其人曰：「吾公在壑谷。」皆自朝布路而罷。既而朝，
> 則又將使子晳如楚，歸而飲酒。庚子，子晳以駟氏之甲伐而焚之。
> 伯有奔雍梁，醒而後知之，遂奔許。大夫聚謀，子皮曰：「《仲虺之
> 志》云：『亂者取之，亡者侮之。推亡固存，國之利也。』罕、駟、
> 豐同生。伯有汰侈，故不免。」（襄公三十年）〔註91〕

此條則記載鄭子晳以駟氏之甲驅逐了執政伯有。此事發生後，子皮認爲子晳之舉具有合理之處，符合仲虺所言的「兼弱攻昧，取亂侮亡」之原則。

《左傳》中所記錄的三次對仲虺之言的運用中，兩次爲戰爭決策之時對其的使用，比照其言來確定下一步的行動；另一處爲對他人政治軍事舉措的評判，以此言爲評判標準。誠如劉季高所言，仲虺之言確實透露出了謀略之詐，擴張稱霸之野心。短短 24 個字，包含了對於戰爭目標的確定，戰爭謀略的使用，國與國的相處之道等多方面的考慮，其思不可謂不深。

此外，軍隊作爲直接關係戰爭結果的重要因素，統治者當然會給予高度的關注。從《尚書》中來看，當時的統治者們在治軍這方面是非常嚴格的，所遵守的原則爲：齊眾以律，強調刑賞。「左不攻於左，汝不恭命；右不攻於右，汝不恭命；御非其馬之正，汝不恭命。用命，賞於祖；弗用命，戮於社，予則孥戮汝。」〔註92〕《甘誓》中的這段內容所表達的即是這一思想。

從以上分析來看，雖然《尚書》中沒有系統論述軍事思想的作品，但其相關篇章中所體現出的關於軍備與戰爭的思想還是比較豐富的。從中我們也

〔註90〕 《春秋左傳注疏》，《文淵閣四庫全書》影印本，臺灣商務印書館。
〔註91〕 《春秋左傳注疏》，《文淵閣四庫全書》影印本，臺灣商務印書館。
〔註92〕 《尚書正義》，《文淵閣四庫全書》影印本，臺灣商務印書館。

能夠看出周人在這方面已經達到了一個較高的水平。

二、《逸周書》關於戰爭之思想

　　《逸周書》中的軍事思想相較來說則要系統豐富得多。今本《逸周書》所存的 59 篇中，純粹的兵書究竟為哪些篇，眾多學者有不同的說法。陳逢衡《逸周書補注敘略》以為《武稱》、《允文》、《大武》、《大明武》、《小明武》、《柔武》、《武順》、《武紀》皆兵法也；唐大沛以為《武稱》、《允文》、《大武》、《大明武》、《小明武》、《武寤》、《武穆》、《武紀》均屬武備書；呂思勉以為《武稱》、《允文》、《大武》、《大明武》、《小明武》、《武順》、《武穆》、《武紀》諸篇純為兵家之言；劉起釪於《尚書學史》中則認為《武稱》、《允文》、《大武》、《大明武》、《小明武》、《柔武》、《武順》、《武寤》、《文政》、《武紀》等十餘篇，為戰國兵家之作。這些「兵書」中包含著極為豐富而又系統的軍事思想。

　　諸篇兵書中，《武稱》一篇可以看作是周人系統的軍事思想的一份綱領之作。通篇以解釋武稱的行事，闡述了用兵行武的各種基本原則與方法。其文曰：

　　　　大國不失其威，小國不失其卑。敵國不失其權。岠險伐夷，並小奪亂，□強攻弱而襲不正，武之經也。

　　　　伐亂、伐疾、伐疫，武之順也。

　　　　賢者輔之，亂者取之，作者勸之，息者沮之，恐者懼之，欲者趣之，武之用也。

　　　　美男破老，美女破舌。淫圖破□，淫巧破時，淫樂破正，淫言破義，武之毀也。

　　　　赦其眾，遂其咎，撫其□，助其囊，武之間也。

　　　　餌敵以分，而照其儲，以伐輔德，追時之權，武之尚也。

　　　　春違其農，秋伐其穡，夏取其麥，冬寒其衣服，春秋欲舒，冬夏欲亟，武之時也。

　　　　長勝短，輕勝重，直勝曲，眾勝寡，強勝弱，飽勝飢，肅勝怒，先勝後，疾勝遲，武之勝也。

　　　　追戎無恪，窮寇不格，力倦氣竭，乃易克，武之追也。

　　既勝人，舉旗以號令，命吏禁掠，無取侵暴，爵位不謙，田宅
不虧，各寧其親，民服如合，武之撫也。

　　百姓咸胥，偃兵興德，夷厥險阻，以毀其服，四方畏服，奄有
天下，武之定也。〔註93〕

從《武稱》一篇我們可以看出，周人的軍事思想已經相當系統而具體，涉及
到了戰爭前前後後的各方面。

　　「武之經」條所闡述者為如何在不同的國力中審時度勢，處理好國與國
之間的軍事外交關係。採取什麼樣的生存態度，決定於國力的強弱。國強則
可施威，國弱則當恭順。這一思想在另一篇兵書《武紀》中也有所闡述，其
文曰：「國有三守：卑辭重幣以服之，弱國之守也；修備以待戰，敵國之守
也；循山川之險而國之，僻國之守也。」〔註94〕根據國力強弱來決定國家
所應該採取的舉措，使得國力相當的國家能夠保持一種相互的平衡。這一思
想並非周人的自我發明，也是從歷史中獲取的經驗。《逸周書》第六十一篇
《史記》在提及扈氏之亡時說「弱小在強大之間，存亡將由之，則無天命矣。
不知命者死。有夏之興也，扈氏弱而不恭，身死國亡」。

　　「武之順」者，孔晁注云：武道逆取順守，故曰順也。〔註95〕陳逢衡
以為，木內朽則易摧，國內潰則易滅。事半功倍，不勞而獲，故曰武之順。
〔註96〕此為兵家論合宜用兵之時機。

　　「武之用」者闡述行兵用武之使用。武之所用不同，需因人而施。做到
這一點的前提是，必須對其他的國家有一個清晰的認識和準確的定位，然後
根據這一定位來制定具體的戰略。對賢者須輔之，對亂者須取之，振作者則
勸誘之，怠惰者懲其惡而沮之。心恐者懼之以害，有欲求者順其欲而予之，
以侈其志。這一軍事策略和《尚書》中的仲虺所言的「兼弱攻昧，取亂侮亡」
所秉承的指導原則顯然具有內在的一致性。

　　「武之毀」條，孔晁注云：凡行此事，所以毀敵國也。「淫圖破□」，闕
文潘振疑是「信」字，陳逢衡疑是「典」字，丁宗洛據郭裴《論中》所引補
「國」字，朱右曾從，朱駿聲補「謀」字。唐大沛補「則」字，云：「《古學

〔註93〕《逸周書》，孔晁注，《四部叢刊》本。
〔註94〕《逸周書》，孔晁注，《四部叢刊》本。
〔註95〕《逸周書》，孔晁注，《四部叢刊》本。
〔註96〕《逸周書補注》，陳逢衡，道光五年修梅山館刻本。

彙纂》引作『破財』，或財是則字之訛。陳謂疑是『破典』，典亦則也。」對於「武之毀」，陳逢衡以爲「六者在彼有之則可伐，在我有之則宜儆。毀，敗也，棄也」。〔註97〕當以「典」字最爲合理。此條言具體計謀的使用，利用不同的謀略計策達到消損敵國的目的。《大武》中有四攻者，其三爲「攻人德」，意爲與對方交戰，首要者乃抓住人性的弱點，並針對這一弱點制定具體的破敵之策。《酆保》篇所云的「四蠹」秉承的也正是這一指導方針。其所云四蠹爲：一美好怪奇以治之，二淫言流說以服之，三群巧仍興以力之，四神巫靈寵以惑之。此四條與「武之毀」所提及的諸如「淫樂破正」、「美女破舌」、「淫言破義」等不僅在當時的國與國的戰爭中被使用，在後世更經常被使用，引爲制勝之法寶。

「武之間」條亦有闕文，其闕處陳逢衡疑是「民」字，朱駿聲補「困」字，丁宗洛疑爲「奔」字。關於此條，潘振以爲：謂之間者，言乘其釁隙而伐之也。〔註98〕此四條所言乃行兵常用之策略，略等同於《大武》「四攻」中之「四攻行利」，意爲以利益去收買、分化戰爭的第三方或交戰方的臣民。我們在《左傳》中多能見到運用這一策略的案例。

《左傳》昭公十三年文曰：「十三年春，叔弓圍費，弗克，敗焉。平子怒，令見費人執之以爲囚俘。冶區夫曰：『非也。若見費人，寒者衣之，饑者食之，爲之令主，而共其乏困。費來如歸，南氏亡矣，民將叛之，誰與居邑？若憚之以威，懼之以怒，民疾而叛，爲之聚也。若諸侯皆然，費人無歸，不親南氏，將焉入矣？』平子從之，費人叛南氏」。〔註99〕此爲赦其眾。

《左傳》莊公二十七年：「晉侯將伐虢，士蒍曰：『不可，虢公驕，若驟得勝於我，必棄其民。無眾而後伐之，欲禦我誰與？夫禮樂慈愛，戰所畜也。夫民讓事樂和，愛親哀喪而後可用也。虢弗畜也，亟戰將饑。』」〔註100〕此爲遂其咎。

《左傳》僖公十三年：「冬，晉薦饑，使乞糴於秦。秦伯謂子桑：「與諸乎？」對曰：『重施而報，君將何求？重施而不報，其民必攜，攜而討焉，無眾必敗。』謂百里：「與諸乎？」對曰：『天災流行，國家代有，救災恤鄰，

〔註97〕黃懷信等：《逸周書彙校集注》，上海古籍出版社，2007年版。

〔註98〕黃懷信等：《逸周書彙校集注》，上海古籍出版社，2007年版。

〔註99〕《春秋左傳注疏》，《文淵閣四庫全書》影印本，臺灣商務印書館。

〔註100〕《春秋左傳注疏》，《文淵閣四庫全書》影印本，臺灣商務印書館。

道也。行道有福。』」此爲助其囊。陳逢衡云：「赦其眾遂其咎，猶云厚其毒而復之也」。〔註101〕由此可見，「武之間」之四者作爲非常高超的軍事外交策略，在我國古代已經被普遍運用於國與國的外交與戰爭之中。

「武之尚」條，尚，上也，言武以此爲上。孔晁注云：以分，謂以分器土田，餌之此術。〔註102〕潘振云：分，去聲。分器賂敵，猶釣之用餌也。照，燭也，明察之義。儲，積也，指軍糧而言。伐人者必明察其軍糧之足否，不可輕易用兵。德不能化，以征伐之道佐之也。當其可之謂時。〔註103〕此條以爲古時兵家常用之軍事策略。餌敵以分，如趙約韓、魏殺知伯，三家分晉。

《左傳》莊公十年，所記之齊魯長勺之戰，戰前曹劌與莊公對話，公曰：「小大之獄，雖不能察，必以情。」對曰：「忠之屬也，可以一戰，戰則請從。」此「以伐輔德」之屬。戰後曹劌言：「夫戰，勇氣也，一鼓作氣，再而衰，三而竭。彼竭我盈，故克之。夫大國難測也，懼有伏焉。吾視其轍亂，望其旗靡，故逐之。」〔註104〕其所權衡決策所體現者即爲追之時也。而此條所言「照其儲」者，或即爲後世常用之燒斷糧草之計。此條對戰爭前之準備，戰爭期間的具體舉措均有涉及。

「武之時」條，言武當因時以毀敵。《大武》中有「四攻」，其一即爲攻天時。《王佩》云：「用兵在知時」。《時訓》篇則直接將天時、自然界之物象與甲兵之事結合起來：「魚不上冰，甲冑私藏。鷹不化鳩，寇戎數起。鳴鳩不拂其羽，國不治兵。靡草不死，國縱盜賊。鹿角不解，兵革不息。鷹不學習，不備戎盜。鷹不祭鳥，師旅無功。麋角不解，兵甲不藏。鷙鳥不厲，國不除兵。」〔註105〕我們在前文曾經指出，在古代中國人的眼中整個自然界與人類社會是一個相互貫通的隱喻系統。由此出發，形成了我國古代認知事物的獨特方式。憑著對事物可以感知的特徵爲依據，通過感覺與聯想，得出某種結論。通過對自然現象的仔細觀察來推測軍事狀況，這是古代中國行軍戰爭極爲常見之情況。農業生產是國之本，對農業生產的四時進行擾亂，從而更輕易地達到自己的目的，即是《武稱》此處所言之「武之時」。《大武》篇講「伐有四時」，「四時：一，春違其農；二，夏食其穀；三，秋取其割；四，冬凍

〔註101〕《春秋左傳注疏》，《文淵閣四庫全書》影印本，臺灣商務印書館。
〔註102〕《逸周書》，孔晁注，《四部叢刊》本。
〔註103〕黃懷信等：《逸周書彙校集注》，上海古籍出版社，2007年版。
〔註104〕《春秋左傳注疏》，《文淵閣四庫全書》影印本，臺灣商務印書館。
〔註105〕《逸周書》，孔晁注，《四部叢刊》本。

其葆」，〔註106〕這一表述與《武稱》「武之時」基本相同，爲古時戰爭所奉行之重要法則。

「武之勝」條所言之九者，兵家所謂知己知彼，百戰百勝之術，故曰武之勝。此條所講其實爲戰爭中不同狀況之間的克與制。若想在戰爭中取勝，則必須明白其間的相互克制之理。若將「武之勝」所列諸條顛倒來讀，則爲戰爭中之諸種禁忌。長可勝短，那麼反之，若以短擊長就會導致戰爭的失敗。此條所言爲戰爭雙方在交戰過程中如何利用兵器、裝備、人數、飲食、士氣、速度等因素來贏得戰爭的勝利。

「武之追」條，于鬯云：此「恪」字蓋如《左傳昭七年傳》「陟恪」之恪，借爲遐。遐，遠也。無，戒辭。追戎無遐，戒追遠也。〔註107〕朱右曾云，格謂拒捍也。《荀子》曰：格者不捨。追戎必當防誘伐，窮寇必將致死。〔註108〕我們認爲，此恪與格通，當做到達、來到之意講。此條所言均爲戰爭中的追敵之法。

「武之撫」條言取勝後，當命吏禁止掠民財物，不得侵暴閭閻。舊官不使其失職，不虧損百姓田宅。民心悅服，則社會就會以最快的速度從戰爭狀態中恢復過來。所闡述者則爲戰後對臣民的安撫慰勸之術。這點說明周人已經能夠理性地對待戰爭，不以殺戮和掠奪爲目的。戰爭是有道者對無道者的討伐，因此對無辜被捲入戰爭的臣民則要盡可能的保護。《逸周書》書中有《允文》一篇對這一思想進行全面深入的闡釋。其文曰：

> 思靜振勝，允文維紀。昭告周行，維旌所在。收武釋賄，無遷厥里，官校屬職，因其百吏。公貨少多，振賜窮士，救癃補病，賦均田布。命夫復服，用損憂恥，孤寡無告，獲厚咸喜。咸問外戚，書其所在，遷同氏姓，位之宗子。率用十五，綏用□安，教用顯允，若得父母。寬以政之，孰云不聽，聽言靡悔，遵養時晦。晦明遂語，於時允武，死思復生，生思復所。人知不棄，愛守正戶，上下和協，靡敵不下。執彼玉憬，以居其宇，庶民咸畊，童壯無輔，無拂其取，通其疆土。民之望兵，若待父母。是故天下，一旦而定有四海。〔註109〕

〔註106〕《逸周書》，孔晁注，《四部叢刊》本。

〔註107〕黃懷信等：《逸周書彙校集注》，上海古籍出版社，2007年版。

〔註108〕黃懷信等：《逸周書彙校集注》，上海古籍出版社，2007年版。

〔註109〕《逸周書》，孔晁注，《四部叢刊》本。

從文中可以看出，周人認為戰後應該儘快分配土地、任用官吏、建立什伍之制等措施來迅速地恢復社會生產秩序，安撫民心，最大程度減少戰爭所帶來的破壞，維持既定的社會秩序。並且從《允文》中的「咸問外戚，書其所在，遷同氏姓，位之宗子」，我們可以看出當時各諸侯國間的戰爭並不為徹底消滅對方的世族，所謂「合諸侯而滅兄弟，非禮也」。雖然要在戰爭中壓倒對方贏得勝利，在勝利的同時也要保證其世族的延續，保證宗法體制的延續。誠如呂思勉先生所指出的，興滅繼絕為古貴族相扶持救恤之道。

《逸周書》中的這種安民重民之思想並不僅僅體現在戰後的安撫工作上，《小明武》中有「按道攻巷，無襲門戶，無受貨賂，無食六畜，無聚子女」之語，是說在攻擊過程中，要以軍事目標為攻擊對象，而不要傷害民眾之人身和財產安全。從這點我們也能夠看出《逸周書》一書中的軍事思想已經達到了相當高的水準。

「武之定」條，孔晁注云：毀武，謂毀敵之。〔註110〕而今本中所存文字為「以毀其服」，與孔注不符，故「以毀其服」當作「以毀其武」。盧文弨：惠云：「《左氏傳》楚莊王曰：『夫武，禁暴、戢兵、保大、定功、安民、和眾、豐財者也』七者皆具此篇中。唐大沛云：臣民歸服之後，偃兵不用，興起文德。偃如『偃伯靈臺』之偃。〔註111〕四方諸侯聞而畏服，則天下皆所有也。武功既成，天下大定矣。

以上是我們以《武稱》所列條目為出發點對《逸周書》中的軍事思想的闡述。除《武稱》外，《大明武》、《小明武》、《大武》諸篇對戰爭中的具體策略運用也多有闡述，例如《大武》所言之「政有四戚、五和，攻有四攻、五良，侵有四聚、三斂，伐有四時、三興，搏有三哀、四赦，戰有六厲、五衛，六庠、五虞；《武穆》之五遂、七倫。而通過對相關內容的分析，我們可以看出《逸周書》中的軍事思想具備以下幾個特點：

首先，其軍事思想涉及戰爭前對雙方力量對比的權衡，進攻時機的選擇，戰爭中的破敵追敵之法，戰爭後安撫臣民、穩定社會之法等等戰爭前後的各方面。其軍事思想相當系統，並且達到了相當高的水準。再次，《逸周書》中的軍事思想體現出周人對於戰爭的理解已經比較深刻而理智，已經能夠理性地對待戰爭，使其置於國家意識的有效控制之下。戰爭只是政治的輔助手段，

〔註110〕《逸周書》，孔晁注，《四部叢刊》本。
〔註111〕黃懷信等：《逸周書彙校集注》，上海古籍出版社，2007年版。

而治理國家，並在國與國的外交中取得勝利最重要的手段是「德治」，如《大武》所言之「善政不攻，善攻不侵，善侵不伐，善伐不陳，善陳不戰，善戰不鬥，善鬥不敗」。〔註112〕且即使在以力相爭的對敵戰爭中，也必須以德政使臣民歸心，體現出了崇禮尚仁、以德歸心之特點。

第四章 《尚書》與《逸周書》
敘述方法比較

第一節 《尚書》六體與《逸周書》「四類」之風格

《文心雕龍·原道》云：

> 自鳥迹代繩，文字始炳。炎暤遺事，紀在《三墳》，而年世渺
> 邈，聲采靡追。唐虞文章，則煥乎始盛。元首哉歌，既發吟詠之志，
> 益稷陳謨，亦垂敷奏之風。夏后氏興，業峻鴻績，九序惟歌，勳德
> 彌縟。逮及商周，文勝其質，《雅》《頌》所被，英華日新。文王患
> 憂，繇辭炳耀，符采復隱，精義堅深。重以公旦多材，振其徽烈，
> 剬詩緝頌，斧藻群言。至夫子繼聖，獨秀前哲，熔鈞六經，必金聲
> 而玉振，雕琢情性，組織辭令，木鐸起而千里應，席珍流而萬世響，
> 寫天地之輝光，曉生民之耳目矣。〔註1〕

劉勰在追溯文章發展的歷史時，特別強調了文王「繇辭炳曜」「精義堅深」
和周公的「剬詩緝頌，斧藻群言」，可見二聖在文章發展史上確實具有重要
作用。就我們目前所能見到的傳世文獻來看，從體制和言辭來看，都發端於
文王、周公。而《尚書》與《逸周書》中以文王、周公之言為主。所以兩部
典籍中的文體、兩書的敘述策略與修辭手法及其所體現出的語言風格進行考
察，就顯得極為必要。

〔註 1〕 《文心雕龍》，《文淵閣四庫全書》影印本，臺灣商務印書館。

　　《尚書》與《逸周書》裏不同體制的文章，在具體的敘述策略和修辭手法的使用上是有所不同的。此節我們將對兩書的文體及其各自的風格進行簡要的分析。

　　《尚書》中的文體劃分，歷史上主要有兩種說法：一爲「六體說」，孔安國在其所作《尚書序》中說：「典謨訓誥誓命之文凡百篇」。〔註2〕將《尚書》之文的文體分爲六類。另一種說法則爲「十體說」，孔穎達《尚書正義》：「檢其此體，爲例有十。一曰典、二曰謨、三曰貢、四曰歌、五曰誓、六曰誥、七曰訓、八曰命、九曰徵、十曰範。」〔註3〕孔穎達的「十體」是在孔安國「六體」的基礎上進行了進一步的修正而後形成的。目的是爲了將《尚書》中體制較爲獨特的幾篇能夠歸納進去。雖然二者在《尚書》文體分類的數目上有差別，但兩種劃分的基本思路是相同的。

　　郭英德在《中國古代文體學論稿》中曾經提出：「中國古代文體分類的生成方式不外三途：一是作爲行爲方式的文體分類，二是作爲文本方式的文體分類，三是文章體系內的文體分類。」〔註4〕而孔安國、孔穎達對於《尚書》文體的劃分均屬於第一類，即作爲行爲方式的文體分類。這種分類方式是最爲原初的一種方式。「中國古代的文體分類首先萌生於人們對特定的社會行爲的分類，不同行爲方式的區別類分是中國古代文體分類原初的生成方式」。〔註5〕

　　我國古代對於文體這一概念的定義比較模糊，郭英德對此曾經進行過總結提煉，他認爲：

　　　　「文體的基本結構應由體制、語體、體式、體性四個層次構成。體制指文體外在的形狀、面貌、構架，語體指文體的語言系統、語言修辭和語言風格，體式指文體的表現方式，體性指文體的表現對象和審美精神。」〔註6〕

我們將從體制、語體、體式、體性這四個方面對《尚書》中的篇章進行文體風格的分析。

　　典體含《堯典》、《舜典》兩篇。稱「典」者，以道可百代常行。若堯、

〔註2〕　《尚書正義》，《文淵閣四庫全書》影印本，臺灣商務印書館。
〔註3〕　《尚書正義》，《文淵閣四庫全書》影印本，臺灣商務印書館。
〔註4〕　郭英德：《中國古代文體學論稿》，北京大學出版社，2005年版。
〔註5〕　郭英德：《中國古代文體學論稿》，北京大學出版社，2005年版。
〔註6〕　郭英德：《中國古代文體學論稿》，北京大學出版社，2005年版。

舜禪讓聖賢，禹、湯傳授子孫，即是堯、舜之道不可常行，但惟德是與，非賢不授。授賢之事，道可常行，但後王德劣不能及古耳。然經之與典俱訓爲常，名典不名經者，以經是總名，包殷、周以上，皆可爲後代常法，故以經爲名。典者，經中之別，特指堯、舜之德，於常行之內道最爲優，故名典不名經也。〔註7〕

兩篇文章讚揚兩位聖王之道德，並記述其施行政令的種種行爲。其中敘述性語言多爲四言，給人以莊重典雅之感。如：

「曰若稽古帝堯，曰放勳，欽、明、文、思、安安，允恭克讓，
光被四表，格於上下。克明俊德，以親九族。九族既睦，平章百姓。
百姓昭明，協和萬邦。黎民於變時雍。

乃命羲和，欽若昊天，曆象日月星辰，敬授人時。分命羲仲，
宅嵎夷，曰暘谷。寅賓出日，平秩東作……」〔註8〕

對話則長短句雜用，如：「帝曰：「咨！汝羲暨和。期三百有六旬有六日，以閏月定四時，成歲。允釐百工，庶績咸熙。」帝曰：『疇咨若時登庸？』放齊曰：『胤子朱啟明。』帝曰：『吁！嚚訟可乎？』」〔註9〕

整篇文章奇偶相生，句式整飭，言辭簡約，然而表意清晰。並使用了頂真的修辭手法，如，「克明峻德，以親九族。九族既睦，平章百姓。百姓昭明，協和萬邦」。邏輯清晰，意義層層遞進。

謨體三篇《大禹謨》、《皋陶謨》、《益稷》，所記爲明君賢臣關於治世之謀略。謨，謀劃、謀議也。這種文體所對應的行爲方式是兩方或多方共同參與，形成關於某一中心議題的對話。也因此其篇章的結構以對話爲基本特點。

三篇謨文與典文在遣詞造句上頗爲相似，文中所採用的句式極有特點。例如，皋陶向君主陳述「九德」時，使用了「A 而 B」的句型，其中 A 和 B 是一對意義上相悖反的概念，用連詞「而」將兩者連接起來，以此來描述理想中的美好品德。這種句型表意清晰簡潔，極其適合向君主陳述見解時使用。並且九個這樣的句式排比羅列，又使語言具有良好的節奏感。

三篇謨文中還使用了對偶這一修辭手法，如《皋陶謨》：「天聰明，自我民聰明；天明畏，自我民明威」；《益稷》：「元首明哉！股肱良哉！庶事康

〔註7〕　《尚書正義》，《文淵閣四庫全書》影印本，臺灣商務印書館。
〔註8〕　《尚書正義》，《文淵閣四庫全書》影印本，臺灣商務印書館。
〔註9〕　《尚書正義》，《文淵閣四庫全書》影印本，臺灣商務印書館。

哉！……元首叢脞哉！股肱惰哉！萬事墮哉！」〔註10〕對偶的使用使文章節奏整齊，聲韻和協，增加了語言的美感。《益稷》中舜帝爲了向臣子更直觀形象地說明君臣之間的關係使用了比喻這一辭格：「臣作朕股肱耳目」，後文則進一步使用了借代的手法，用元首指稱君、股肱指稱臣。使得文章在表意清晰之餘，又顯示出了生動的氣息。

訓體之文有《伊訓》、《太甲》、《無逸》等八篇。訓體所對應的行爲方式是下對上的訓誡說教。闡明道理是文章所要達到的目的，因此其文體特徵就表現爲善於說理，語詞懇切，有較強的說服力。

訓體之文句式上駢散相間，並多用對偶這一辭格，例如：「狎侮君子，罔以盡人心；狎侮小人，罔以儘其力。不役耳目，百度惟貞。玩人喪德，玩物喪志。志以道寧，言以道接。不作無益害有益，功乃成；不貴異物賤用物，民乃足。犬馬非其土性不畜，珍禽奇獸不育於國。不寶遠物，則遠人格；所寶惟賢，則邇人安」〔註11〕。此段爲了勸諫武王不寶遠方珍物，以德行爲重，重視賢能，安定國家。全段幾乎全用對偶，通過這樣一種手法將各種行爲的結果放在一起進行對比，從而達到更好的闡釋效果。

除對偶外，還常常使用排比，如《伊訓》：「敢有恒舞於宮，酣歌於室，時謂巫風，敢有殉於貨色，恒於遊畋，時謂淫風。敢有侮聖言，逆忠直，遠耆德，比頑童，時謂亂風。」不論是對偶還是排比，這兩種修辭手法在訓體之文中所發揮的作用都是幫助闡明文意，使邏輯清晰。這是訓體之文的所對應的行爲方式的內在要求。下對上進行勸誡這一行爲要求作文之人必須做到這一點。

誥體是《尚書》諸體中爲數最多的一種文體。徐師曾嘗言：「『誥者，告也，告上曰告，發下曰誥』，古者上下有誥，故下以告上，《仲虺之誥》是也；上以告下，《大誥》、《洛誥》之類是也。」〔註12〕

考察《尚書》中的誥體之文，誥體所對應的行爲方式以上告下爲主，其所涉多爲國家政治中的重大問題，往往帶有廣泛告諭的性質。

誥體多用散體，雖然有以下告上者，有以上誥下者，但總以將理由申述明白曉暢爲最終目的，要使聽者明瞭警醒。故考察諸誥文，它們往往反覆曉

〔註10〕 《尚書正義》，《文淵閣四庫全書》影印本，臺灣商務印書館。
〔註11〕 《尚書正義》，《文淵閣四庫全書》影印本，臺灣商務印書館。
〔註12〕 《文章辨體序說‧文體明辨序說》，人民文學出版社，1998 年版。

論，並追溯歷史，總結歷史經驗作爲例證，爲了更形象地表達思想，還間或採用比喻這一辭格。使得表意更爲清晰。如：

> 王歸自克夏，至於亳，誕告萬方。王曰：嗟！爾萬方有眾，明聽予一人誥。惟皇上帝，降衷於下民。若有恒性，克綏厥猷惟後。夏王滅德作威，以敷虐於爾萬方百姓。爾萬方百姓，罹其凶害，弗忍荼毒，並告無辜於上下神祇。天道福善禍淫，降災於夏，以彰厥罪。肆臺小子，將天命明威，不敢赦。敢用玄牡，敢昭告於上天神后，請罪有夏。聿求元聖，與之戮力，以與爾有眾請命。上天孚祐下民，罪人黜伏，天命弗僭，賁若草木，兆民允殖。俾予一人輯寧爾邦家，茲朕未知獲戾於上下，栗栗危懼，若將隕於深淵。凡我造邦，無從匪彝，無即慆淫，各守爾典，以承天休。爾有善，朕弗敢蔽；罪當朕躬，弗敢自赦，惟簡在上帝之心。其爾萬方有罪，在予一人；予一人有罪，無以爾萬方。嗚呼！尚克時忱，乃亦有終。〔註13〕

而因誥體所對應的行爲方式爲上告下爲主的告諭，故其文追求一種直接而又明白的表達效果，語言風格以莊重爲其最基本的特徵。

《尚書》中的誓體之文都是孔穎達《尚書正義》中所說的與戰爭有關的「誓之大者」。〔註14〕「誓者，誓眾之詞也。蔡沈云：『戒也』。軍旅曰誓，古有誓師之詞，如《書》稱禹征有苗誓於師，以及《甘誓》、《湯誓》、《泰誓》、《牧誓》、《費誓》是也。又有誓告群臣之詞，如《書·秦誓》是也。」〔註15〕

它們在行文布局上有一個固定的結構。首先陳述所要討伐者的罪行，其次言天降明命，己方受命討伐，強調己方的道德優勢；最後則是就具體情況所作的約束賞罰之辭。當然了，具體到每一篇誓文，結構上會略有不同，如《秦誓》爲戰後悔過之辭，與諸篇都不同。應該說，採用了這樣一種「三段式」的文章結構，是充分考慮到誓文這種文體的應用環境和目的的要求。歷數敵方之罪，固然是爲了充分展示己方行爲的合理性，從而鼓舞己方軍士。但更爲重要的是其中所蘊含的正名思想，體現出的修辭爲天道倫理而服務之思想對我國古代修辭思想具有極爲深遠的影響。

〔註13〕《尚書正義》，《文淵閣四庫全書》影印本，臺灣商務印書館。
〔註14〕《尚書正義》，《文淵閣四庫全書》影印本，臺灣商務印書館。
〔註15〕《文章辨體序說·文體明辨序說》，人民文學出版社，1998年版。

　　由於誓體之文所應用的場合與對應的行為多為軍旅之事，故其多用短句，語言鏗鏘有力，結構緊湊。如：

　　　　王曰：「格爾眾庶，悉聽朕言，非臺小子，敢行稱亂！有夏多罪，天命殛之。今爾有眾，汝曰：『我后不恤我眾，舍我穡事而割正夏？』予惟聞汝眾言，夏氏有罪，予畏上帝，不敢不正。今汝其曰：『夏罪其如臺？』夏王率遏眾力，率割夏邑。有眾率怠弗協，曰：『時日曷喪？予及汝皆亡。』夏德若茲，今朕必往。爾尚輔予一人，致天之罰，予其大賚汝！爾無不信，朕不食言。爾不從誓言，予則孥戮汝，罔有攸赦。」〔註16〕

命體之文在《尚書》中也有相當比例，徐師曾云：「朱子云『命猶令也』……上古王言同稱為命：或以命官，如《書》『說命』、『冏命』是也；或以封爵，如《書》『微子之命』、『蔡仲之命』也；或以飭職，如《書》『畢命』是也；或以賜賚，如《書》『文侯之命』是也；或傳遺詔，如《書》『顧命』是也。」〔註17〕

　　命體所對應的行為方式是上對下的某一個體，表達委任、獎賞等意，雖然都以「命」名篇，但是內容上卻不盡相同。句式的使用上也比較多樣，駢散相間，長短句雜見。也常用對偶、比喻這樣的修辭手法。如：

　　　　王庸作書以誥曰：「以臺正於四方，惟恐德弗類，茲故弗言。恭默思道，夢帝賚予良弼，其代予言。」乃審厥象，俾以形旁求於天下。說築傅巖之野，惟肖。爰立作相。王置諸其左右。命之曰：「朝夕納誨，以輔臺德。若金，用汝作礪；若濟巨川，用汝作舟楫；若歲大旱，用汝作霖雨。啟乃心，沃朕心，若藥弗瞑眩，厥疾弗瘳；若跣弗視地，厥足用傷。惟暨乃僚，罔不同心，以匡乃辟。俾率先王，迪我高后，以康兆民。嗚呼！欽予時命，其惟有終。」〔註18〕

從上面對各文體的分析，可以發現，《尚書》中的諸篇已經體現出了言語形式上的整齊美，語句形式的均衡和節奏感，通過運用比喻、對偶、反問、借代等修辭手法深化了語義內涵，使全書體現了「文約意豐」的文章風格。

　　《逸周書》內所包含的文體是極為豐富的。記言體、較為成熟的記事體、

〔註16〕　《尚書正義》，《文淵閣四庫全書》影印本，臺灣商務印書館。
〔註17〕　《文章辨體序說‧文體明辨序說》，人民文學出版社，1998 年版。
〔註18〕　《尚書正義》，《文淵閣四庫全書》影印本，臺灣商務印書館。

格言體等可在《逸周書》中見到。這裡我們根據各篇內容的不同來分類，將其分為史書、政書、兵書和禮書四類。

史書與政書各篇語言風格上呈現出一種質樸之風，多為散體，部分篇章的文字已經體現出了對聲韻的追求。大體平鋪直敘，然而也不乏生動有趣的細節與對話描寫。《太子晉》中描寫師曠和太子晉的問答，師曠感於太子晉的精妙之論，「東躑其足」，連連原地踏腳，並不停地說「善哉！善哉！」這個時候，王子曰：「太師何舉足驟？」師曠曰：「天寒，足躑是以數也。」這一對話非常形象有趣，一問一答間生動地刻畫出了師曠狡猾老道，不肯認輸服軟的形象。而「東躑其足」這一細微的動作也極為傳神。這樣描寫人物的方法，已開後世小說表現手法之先河。《周祝》一篇也極具特色為格言體，與諸篇均不同。通篇押韻，且多用排比對偶。通順曉暢，極富哲理。

兵書類各篇則多用四字韻語，對偶、排比、比喻、誇張等修辭手法極為常見。且有些文章氣勢如虹，沛然雄渾；其通暢之勢不可遏止。例如《武稱》一文，11 節文字中，不但每一節的文字都採用排比，而且段與段之間也通過採用相同的末句形成了一種排比關係。這種句式安排、文章結構使得整篇文章結構整飭，均衡有度，氣韻流暢，琅琅上口。而《大開武》、《大明武》中的許多語句，為了增強文章的表達效果，往往採用誇張、比喻等修辭手法。有些語句還同時使用多種修辭手法。可以看出《逸周書》兵書中諸篇文章的修辭手法的運用已經相當純屬了。文章的風格也和《尚書》與《逸周書》中的史書、政書、禮書有較為顯著的不同。文章的語言之美、結構之美、氣勢之美都已經得到了較好的體現。

禮書類各篇風格則與兵書類有很大不同。因多為說明性文字，基本上沒有什麼感情色彩，也無所謂文章氣勢。語言上比較樸質，只是按一定的條理鋪陳敘述。惟《時訓》一篇多用四字韻語，並採用了排比、對比等修辭手法。

雖然《尚書》與《逸周書》中的篇章因文體的不同，所體現出的風格也有所不同，但兩書在敘述上所採取的策略兩書在修辭手法的使用上有是同異互見，並因此造成了文章風格上的差異。下文將對此作出探討。

第二節　《尚書》與《逸周書》的敘述策略

考察兩書內容，其敘述的焦點主要集中在兩方面：以商紂為代表的殘德

之主的罪行的描述以及以文王爲代表的先哲王的歌頌。兩者的二元對立形成了兩書歷史敘事的核心話語。

在圍繞正反兩個道德典型的二元對立展開的敘事中，兩書採取了兩種極具特點的敘述策略：（一）累加法，對紂的罪行和先王聖德的描述，隨著時間的發展，越來越細緻與具體，程度也越來越深。（二）藉重於歷史，將歷史圖景不斷上推。下面我們將圍繞這兩個特點對兩書的敘事進行分析。

首先，兩書中的敘事核心是紂之罪與先王之聖德，兩者體現出二元對立的關係。而這對立的正反兩方的最終面貌的形成，都經歷了一個被不斷強化的過程。下面我們以兩書對於紂的罪行爲例，來具體分析這一特點。

《尚書·周書》中詳細記述了紂王罪行的篇章有《泰誓》三篇、《牧誓》、《武成》、《微子之命》、《酒誥》、《召誥》、《多士》、《無逸》、《君奭》、《多方》、《立政》等；《逸周書》中詳細記述了紂之罪的有《常訓》、《程典》、《酆保》、《克殷》、《大聚》、《商誓》、《度邑》、《明堂》、《嘗麥》、《祭公》、《史記》、《芮良夫》等篇。

但是對所有這些篇章進行考察就會發現它們對商紂之罪的記載也非一成不變，從內容和語境上都一直在變化。最初陳述商紂罪行都是在戰爭期間，戰前誓師或戰後祭祀，宣講的聽眾是參加戰爭的軍士或被祭祀的神祇。

例如：

> 王曰：「古人有言曰：『牝雞無晨，牝雞之晨，惟家之索。』今商王受惟婦言是用，昏棄厥肆祀弗答，昏棄厥遺王父母弟不迪，乃惟四方之多罪逋逃，是崇是長，是信是使，是以爲大夫卿士。俾暴虐於百姓，以奸宄於商邑。」（《尚書·牧誓》）

> 「今商王受，弗敬上天，降災下民。沉湎冒色，敢行暴虐，罪人以族，官人以世，惟宮室、臺榭、陂池、侈服，以殘害爾萬姓。焚炙忠良，刳剔孕婦。」（《尚書·泰誓上》）

> 「今商王受，狎侮五常，荒怠弗敬。自絕於天，結怨於民。斮朝涉之脛，剖賢人之心，作威殺戮，毒痡四海。崇信奸回，放黜師保，屏棄典刑，囚奴正士，郊社不修，宗廟不享，作奇技淫巧以悅婦人。」（《尚書·泰誓下》）

> 予小子其承厥志。……曰：『惟有道曾孫周王發，將有大正於商。今商王受無道，暴殄天物，害虐烝民，爲天下逋逃主，萃淵

藪。』(《尚書·武成》)

尹逸策曰:「殷末孫受,德迷先成湯之明,侮滅神祇不祀,昏
暴商邑百姓,其彰顯聞於昊天上帝。」(《逸周書·克殷》)

這些篇章雖然在描述紂之罪時所用的語言並不完全相同。但是所涉具體的內
容卻比較一致,限於寵溺婦人,殘害天下,不行祭祀之事以及官人無狀這幾
個方面。這些篇章都是商末周初的文獻,其文中所體現的,是商紂罪行的最
初面貌。

　　然而,作爲周人最爲津津樂道的核心話語,商紂的罪行也在周人樂此不
疲的敍述中,被不斷強化了。其罪行越來越殘暴,越來越具體。「從總體上
說,時間愈往後推移,周人加之於商紂的罪狀有愈加雜多的趨勢」。〔註 19〕
例如,在《多方》中,面對不忠於周朝政權的大臣及殷人,在解說爲什麼商
人會喪失天命的時候,所列舉的罪行就是紂王進行祭祀時不恭敬,祭品不潔。

　　對商紂罪行的敍述和周人的政治舉措間的聯繫也越來越緊密,周人總是
針對當時的政治局勢來對商紂的罪行進行描述。隨著時間的推移,紂王的罪
行也越來越多,惡貫滿盈的形象也終於成功地被塑造出來。

　　其次,歷史圖景的不斷上推。兩書的敍事由紂王和文王、武王爲基點,
其歷史語境不斷回溯,上古先王開始逐漸一一出現在兩書的歷史敍事之中。

　　《逸周書·商誓》是周朝甫建立之時對商朝舊眾的訓誡之詞,當其時,
周人已經獲得了勝利,這篇誥辭相對前文提及的幾篇也體現了一些新特點。
現摘錄部分原文,並略作分析:

王曰:「在昔后稷,惟上帝之言,克播百穀,登禹之績。凡在
天下之庶民,罔不維后稷之元穀用蒸享。在商先哲王,明祀上帝,
□□□□,亦維我后稷之元穀用告和,用胥飲食。肆商先哲王維厥
故,斯用顯我西土。」

「今在商紂,昏憂天下,弗顯上帝,昏虐百姓,奉天之命。上
帝弗顯,乃命朕文考曰:『殪商之多罪紂!』肆予小子發不敢忘天命。
朕考胥翕稷政,肆上帝曰必伐之。予惟甲子克致天之大罰,□帝之
來,革紂之□(命)。(此處闕 29 字)爾冢邦君無敢其有不見告於我
有周。其比冢邦君我無攸愛,上帝曰必伐之。……

〔註 19〕鄧聯合:《從政治合法性的建構到歷史理性的覺醒》,《江淮論壇》,2006 年 4
月。

　　王曰：「百姓，我聞古商先哲王成湯克辟上帝，保生商民，克用三德，疑商民弗懷，用辟厥辟。今紂棄成湯之典，肆上帝命我小國曰：『革商國！』肆予明命汝百姓：其斯弗用朕命，其斯爾冢邦君商庶百姓，予則□劉滅之。」

　　王曰：「霍！予天命維畋，咸汝克承天休於我有周，……」〔註20〕

從上引《商誓》原文，我們可以看到周人的歷史敘事在這裡出現了一些需要我們注意的新現象。周人雖依然歷數了紂之罪，卻又不僅限於此，在這篇文章中，周人的歷史敘事出現了對歷史的回溯，這一舉動非常有意味。他們將歷史圖景回溯到了商朝建立之初，商朝的先世哲王成湯也繼商朝的最末一位君主紂王之後出現在了周人的歷史話語中。

　　他們將歷史圖景回溯到了商朝建立之初，商朝的先世哲王成湯也繼商朝的最末一位君主紂王之後出現在了周人的歷史話語中。周人將商先哲王的克用三德與帝命並提，是否能保生商民，克用三德成為上帝受命的重要依據。同時他們還對自己的歷史進行了追溯，在他們的記述中，周人的始祖后稷克播百穀，其功績可和大禹媲美。這無疑是為周人受帝命而代商從歷史上來尋求原因。歷史在這裡開始扮演重要的角色，成為人們尋求意義的寶地。《尚書·多士》中運用的也是這一思路。其文曰：

　　惟三月，周公初於新邑洛，用告商王士。

　　王若曰：爾殷遺多士！弗弔旻天，大降喪於殷，我有周有命，將天明威，致王罰，勅殷命終於帝。肆爾多士！非我小國敢弋殷命。惟天不畀允罔固亂，弼我，我其敢求位？……

　　我聞曰：「上帝引逸。」有夏不適逸，則惟帝降格，向於時夏。弗克庸帝，大淫泆有辭。惟時天罔念聞，厥惟廢元命，降致罰；乃命爾先祖成湯革夏，俊民甸四方。

　　自成湯至於帝乙，罔不明德恤祀。亦惟天丕建保乂有殷，殷王亦罔敢失帝，罔不配天其澤。在今後嗣王，誕罔顯於天，矧曰其有聽念於先王勤家？……惟時上帝不保，降若茲大喪。

　　惟天不畀不明厥德，凡四方小大邦喪，罔非有辭於罰。……

　　惟爾知，惟殷先人有冊有典，殷革夏命。今爾又曰：「夏迪簡

在王庭，有服在百僚。」予一人惟聽用德；肆予敢求爾於天邑商，
予惟率肆矜爾。非予罪，時惟天命。〔註21〕

在《多士》中，周人將歷史圖景的回溯推至夏代，文中所描述的商革夏命之歷史過程仿若就是今日的周革商命。周人這樣的敘述安排顯然意在借助「有夏」滅亡的歷史來佐證天命改易，不可抗拒的歷史定律和商朝滅亡的必然性。似乎歷史本身就是一切意義的依據與來源。於是夏朝的最後一名君主也開始出現在了周人的歷史敘事之中。《尚書》與《逸周書》中出現了對夏桀的描寫，夏與商、桀與紂開始被相提並論：

> 洪維圖天之命，弗永寅念於祀，惟帝降格於夏。有夏誕厥逸，
> 不肯感言於民，乃大淫昏，不克終日勸於帝之迪，乃爾攸聞。

> 王若曰：誥告爾多方，非天庸釋有夏，非天庸釋有殷。乃惟爾
> 辟以爾多方大淫，圖天之命屑有辭。乃惟有夏圖厥政，不集於享，
> 天降時喪，有邦間之。乃惟爾商後王逸厥逸，圖厥政不蠲烝，天惟
> 降時喪（《尚書·多方》）

> 桀德，惟乃弗作往任，是惟暴德，罔後。（《尚書·立政》）
> 〔註22〕

> 兹言允效與前不遠。商紂不道，夏桀之虐肆無有家。嗚呼！……
> 古人求多聞以監戒，不聞是惟弗知。后除民害，不惟民害，害民乃
> 非后，惟其讎。（《逸周書·芮良夫》）〔註23〕

夏桀放縱淫樂、行為殘暴、用人不當、輕視上天，這種種惡行恍然便是紂王的前世之身。而周人對夏代歷史的追述過程和他們對商朝歷史的追述過程一樣，起於末世暴王，而後推上至其先世聖王。在《尚書·立政》中，包括大禹在內的夏代先聖也隨著周人歷史圖景的不斷前推而終於登場，其文曰：

> 古之人迪惟有夏，乃有室大競，籲俊尊上帝迪，知忱恂於九德
> 之行。……

> 亦越成湯陟，丕釐上帝之耿命，乃用三有宅，克即宅，曰三有
> 俊，克即俊。嚴惟丕式，克用三宅三俊，其在商邑，用協於厥邑，

〔註21〕 《尚書正義》，《文淵閣四庫全書》影印本，臺灣商務印書館。
〔註22〕 《尚書正義》，《文淵閣四庫全書》影印本，臺灣商務印書館。
〔註23〕 《逸周書》，孔晁注，《四部叢刊》本。

其在四方，用丕式見德。〔註24〕

周人歷史敘事的圖景關於夏代的追溯至此也已完成，由「大禹——夏桀——成湯——商紂——文王」擔任主角的，夏至商，商至周這兩個相對應的歷史鏈條也構建完成。周人以此來證明自己的合法性和正確性，似乎歷史本身就說明了一切，具有說服一切的力量。

第三節　三種修辭手法比較

我國古代向來注重修辭表達對於文章內容的重要作用。三國魏曹丕的《典論·論文》、晉陸機的《文賦》、梁劉勰的《文心雕龍》等著作都談到了很多修辭問題。《文心雕龍·情采》提出了「文附質」和「質待文」的觀點，認為文章的修辭（即所謂「文」）要依附於思想內容（即所謂「質」），而思想內容又要憑藉修辭來表達。文體不同，文章所表現出的風格和所用的表達方式與修辭格有所不同。

以現代修辭學來考察《尚書》與《逸周書》中的語言，可以發現，兩書中的存在著大量的修辭現象，以伊尹、周公等為代表的文章的創作者已經懂得在闡述問題時使用適當的修辭手法，加強表達的效果，增強話語的說服力和感染性。這很值得我們重視。現擇其中三種常見而又重要的修辭手法進行比較分析。

一、對偶藝術分析

為了使文章的節奏整齊、聲韻鏗鏘，古人常常採用對偶的方法。所謂對偶，就是用字數相等或大致相等、結構相同的兩句話兩兩相配的修辭表達方式。對偶這種修辭方式產生很早，是我國文學藝術獨有的特色之一。對偶的構成，和漢語的特點有重要關係。劉勰《文心雕龍》中《麗辭》篇論述的便是文辭的對偶問題。麗，即耦，也作偶，就是雙、對。其文曰：

> 造化賦形，支體必雙，神理為用，事不孤立。夫心生文辭，運裁百慮，高下相須，自然成對。唐虞之世，辭未極文，而皋陶贊云：「罪疑惟輕，功疑惟重」。益陳謨云：「滿招損，謙受益。」豈營麗辭，率然對爾。《易》之《文》、《繫》，聖人之妙思也。序《乾》四

〔註24〕　《尚書正義》，《文淵閣四庫全書》影印本，臺灣商務印書館。

德，則句句相銜；龍虎類感，則字字相儷；乾坤易簡，則宛轉相承；日月往來，則隔行懸合；雖句字或殊，而偶意一也。至於詩人偶章，大夫聯辭，奇偶適變，不勞經營。自揚馬張蔡，崇盛麗辭，如宋畫吳冶，刻形鏤法，麗句與深采並流，偶意共逸韻俱發。至魏晉群才，析句彌密，聯字合趣，剖毫析釐。然契機者入巧，浮假者無功。

　　故麗辭之體，凡有四對：言對爲易，事對爲難；反對爲優，正對爲劣。言對者，雙比空辭者也；事對者，並舉人驗者也；反對者，理殊趣合者也；正對者，事異義同者也。長卿《上林賦》云：「修容乎禮園，翱翔乎書圃。」此言對之類也。宋玉《神女賦》云：「毛嬙鄣袂，不足程式；西施掩面，比之無色。」此事對之類也。仲宣《登樓》云：「鍾儀幽而楚奏，莊舄顯而越吟。」此反對之類也。孟陽《七哀》云：「漢祖想枌榆，光武思白水。」此正對之類也。凡偶辭胸臆，言對所以爲易也；徵人之學，事對所以爲難也；幽顯同志，反對所以爲優也；並貴共心，正對所以爲劣也。又以事對，各有反正，指類而求，萬條自昭然矣。

　　……是以言對爲美，貴在精巧；事對所先，務在允當。若兩言相配，而優劣不均，是驥在左驂，駑爲右服也。若夫事或孤立，莫與相偶，是夔之一足，踔踔而行也。若氣無奇類，文乏異采，碌碌麗辭，則昏睡耳目。必使理圓事密，聯璧其章。迭用奇偶，節以雜佩，乃其貴耳。類此而思，理斯見也。……〔註25〕

劉勰在追溯對偶的源流之時，認爲大自然賦予萬物的形體都是以成對的方式出現的。因此，反映萬物的文學創作，只要對事物作全面的考慮，就會「自然成對」。並舉《尚書》中《皋陶謨》、《益稷》中的文字爲例，指出《尚書》中的對偶的使用便是「自然成對」之屬，而非刻意經營。

　　對偶是《尚書》使用最多的一種修辭方法，並且對後世的文章寫作也產生了深遠的影響。據學者統計，《尚書》中共有對偶429對（其中排偶71聯），對偶用字爲4783字，幾乎占全書文字的五分之一。〔註26〕而逐篇考察對偶在《尚書》中的具體分佈，我們會發現，對偶在《尚書》六體中均多有使用。這429對中，按照劉勰對對偶的分類，屬於「事對」和「反對」的在五分之

〔註25〕劉勰：《文心雕龍》，《文淵閣四庫全書》影印本，臺灣商務印書館。
〔註26〕何淩風：《尚書對偶藝術淺析》，《牡丹江師範學院學報》2000年4月。

三以上。

　　《逸周書》中的對偶主要分佈在政書和兵書中。普遍使用對偶的有《度訓》、《命訓》、《小明武》、《文傳》、《大聚》、《武紀》等篇。相較於《尚書》中對偶的使用情況，《逸周書》中的對偶體現出了以下幾點不同的特徵：首先，《逸周書》中的對偶多爲排偶，排偶在全書對偶中所佔的比例幾乎達到三分之二，這一數值遠高於《尚書》中的 71：429。其次，《逸周書》中之對偶的使用往往以極其集中的面貌出現，並不似《尚書》中之對偶往往散見於文中。例如，《逸周書·命訓》篇中有段文字：「撫之以惠，和之以均；斂之以哀，娛之以樂；愼之以禮，教之以藝；震之以政，動之以事；勸之以賞，畏之以罰；臨之以忠，行之以權。權不法，忠不忠，罰不服，賞不從勞；事不震，政不成；藝不淫，禮有時；樂不滿，哀不至；均不壹，惠不忍人。凡此，物攘之屬也」。〔註 27〕最後，《逸周書》中之對偶極少單獨使用，往往和其他辭格連用。這和《尚書》所見頗有不同，《尚書》中雖然也有對偶與頂眞、迴文連用的。但爲數甚少，不似《逸周書》中已成慣例。

　　値得關注的是，《逸周書》中表現了上述差異的篇章，大多屬於我們在前文經過分析後認爲寫定時間在西周中後期以後的諸篇。而《商誓》、《皇門》諸篇則基本沒有體現出此種差異。這也從一個角度印證了前文的分析與判斷。

　　由此，我們可以看出，《尚書》中的對偶所呈現出的面貌基本上較爲原始而純粹的形態。《逸周書》中一部分篇章的對偶和《尚書》中並無二致，另一部分篇章則體現了修辭手法的進一步發展。故此，《尚書》中的篇章多給我們古奧之感，而《逸周書》中的部分文章卻體現出了一些新的風格。

　　兩書呈現給我們的對偶藝術，種類已極爲完備，並具有相當的藝術水準。爲此後駢偶的諸多門類創下了雛形，奠定了發展的基礎。同時也對我國駢偶傳統的形成產生了深遠的影響。

二、頂眞格的運用及分析

　　用前文之末尾作後文之開頭，使前後相次的兩句首尾蟬聯的修辭手法叫做頂眞，又稱聯珠。頂眞這一修辭手法是以漢字的特徵爲基礎而形成的，爲漢語傳統的修辭手法之一。頂眞的使用往往能夠使文意層層遞進，流暢綿密。

〔註27〕《逸周書》，孔晁注，《四部叢刊》本。

頂眞格的出現很早，我國第一部詩歌總集《詩經》中使用頂眞格的頻率就已極高。「風、雅、頌」中均有所見。如：

《召南·江有汜》

> 江有汜，之子歸，不我以。不我以，其後也悔。
>
> 江有渚，之子歸，不我與。不我與，其後也處。
>
> 江有沱，之子歸，不我過。不我過，其嘯也歌。

《鄘風·相鼠》

> 相鼠有皮，人而無儀！人而無儀，不死何爲？
>
> 相鼠有齒，人而無止！人而無止，不死何俟？
>
> 相鼠有體，人而無禮，人而無禮，胡不遄死？

《小雅·鹿鳴》

> 呦呦鹿鳴，食野之蘋。我有嘉賓，鼓瑟吹笙。
>
> 吹笙鼓簧，承筐是將。人之好我，示我周行。
>
> 呦呦鹿鳴，食野之蒿。我有嘉賓，德音孔昭。
>
> 視民不恌，君子是則是傚。我有旨酒，嘉賓式燕以敖。
>
> 呦呦鹿鳴，食野之芩。我有嘉賓，鼓瑟鼓琴。
>
> 鼓瑟鼓琴，和樂且湛。我有旨酒，以燕樂嘉賓之心。

《魯頌·有駜》〔註28〕

> 有駜有駜，駜彼乘黃。夙夜在公，在公明明。
>
> 振振鷺，鷺于下。鼓咽咽，醉言舞。于胥樂兮！
>
> 有駜有駜，駜彼乘牡。夙夜在公，在公飲酒。
>
> 振振鷺，鷺于飛。鼓咽咽，醉言歸。于胥樂兮！
>
> 有駜有駜，駜彼乘駽。夙夜在公，在公載燕。
>
> 自今以始，歲其有。君子有穀，詒孫子。于胥樂兮！

有學者指出《詩經》中的頂眞格，大體出現在章與章的銜接處，尚屬雛形。其修辭目的中還要在於方便記憶，並求文辭通暢，首尾連貫。頂眞格從發展到戰國時代蔚然成風，戰國散文中頂眞格的使用和《詩經》有很大差異，幾乎句句頂眞。〔註29〕我們認爲，此觀點固然有其合理之處。然而造成這種差

〔註28〕《毛詩正義》，中華書局，十三經注疏本。

〔註29〕周玉秀：《逸周書的語言特點極其文獻學價值》，中華書局，2005年版。

異的原因決不僅僅是時代的不同。應該是包括文體、時代等多種因素在內的共同作用所造成的。我們將對《尚書》與《逸周書》中的頂真格的使用狀況進行分析比較，希望對這個問題的解答有所幫助。

《尚書》中頂真格的使用頻率沒有對偶的頻率高，但在《虞夏書》、《商書》、《周書》中均有使用。具體的分佈篇章如下：

慎徽五典，五典克從。納於百揆，百揆時敘。賓於四門，四門穆穆。（《虞夏書·舜典》）

其爾萬方有罪，在予一人；予一人有罪，無以爾萬方。（《商書·湯誥》）

民罔常懷，懷於有仁。鬼神無常享，享於克誠。（《商書·太甲下》）

我先后綏乃祖乃父，乃祖乃父乃斷棄汝。（《商書·盤庚中》）

知之曰明哲，明哲實作則。（《商書·說命上》）

乃其有備，有備無患。（《商書·說命中》）

非天夭民，民中絕命。（《商書·高宗肜日》）

亶聰明，作元后，元后作民父母。（《周書·泰誓上》）

德盛不狎侮。狎侮君子，罔以盡人心；狎侮小人，罔以儘其力。（《周書·旅獒》）

聞於上帝，帝休。（《周書·康誥》）

其惟不言，言乃雍。

自時厥後，立王生則逸，生則逸，不知稼穡之艱難。（《周書·無逸》）

慎厥初，惟厥終，終以不困。不惟厥終，終以困窮。（《周書·蔡仲之命》）

惟我周王靈承於旅，克堪用德，惟典神天。天惟式教我用休，簡畀殷命。（《周書·多方》）

慎乃出令，令出惟行，弗惟反。（《周書·周官》）

昔周公師保萬民，民懷其德。（《周書·君陳》）

兩造具備，師聽五辭；五辭簡孚，正於五刑。五刑不簡，正於

五罰；五罰不服，正於五過。五過之疵：惟官，惟反，惟內，惟貨，
惟來。其罪惟均，其審克之！〔註30〕（《周書‧呂刑》）

從上文所列出的《尚書》中的頂真格的使用狀況，我們可以看出，《尚書》
中的頂真格的形態呈現的是這一修辭格較為原初的狀態。形式上大概可分為
三種。一種為兩個簡單句間的頂真。例如：「非天夭民，民中絕命」、「乃其
有備，有備無患」等。這個類型占《尚書》中頂真格使用的大部分。第二種
為一組句群內兩兩相配，即前兩句之間頂真，後兩句之間頂真，如「慎徽五
典，五典克從。納於百揆，百揆時敘。賓於四門，四門穆穆」。第三種為一
組句群內全用頂真，前後句都是繼踵而作，如「兩造具備，師聽五辭；五辭
簡孚，正於五刑。五刑不簡，正於五罰；五罰不服，正於五過」。《尚書》中
的頂真格，不論屬於這三種中的哪一類，大多都是因行文要求而自然形成之
作，基本上沒有刻意為之的痕迹。

《逸周書》中運用了頂真格的篇章，據筆者逐篇統計，計有 32 篇。其中
普遍使用了頂真手法的有《度訓》、《命訓》、《常訓》、《程典》、《小開》、《文
儆》、《大開武》、《寶典》、《大匡》第三十七、《五權》、《成開》諸篇。其中《度
訓》、《命訓》、《常訓》三篇中使用頂真的段落更是占全文比例的十分之六以
上。其頂真格的形式則與《尚書》中的相同。試舉幾例：

聽言靡悔，遵養時晦。晦明遂語，於時允武。死思復生，生思
復所。（《允文》）

數口以食，食均有賦。外食不瞻，開關通糧。糧窮不轉，孤寡
不廢。（《大匡》第十一）

慎德必躬恕，恕以明德。德當天而慎下，下為上貿。力競以
讓，讓德乃行。慎下必翼上。上中立而下比爭，省和而順慎同。（《程
典》）

色不知適，適不知謀，謀泄，汝躬不允。（《小開》）

德以撫眾，眾和乃同。（《成開》）

不召不至，不問不言，言不過行，行不過道，曰沉靜者也。（《官
人》）

樂專於君者權專於臣，權專於臣則刑專於民。（《史記》）

〔註30〕《尚書正義》，《文淵閣四庫全書》影印本，臺灣商務印書館。

　　　　　王者所佩在德。德在利民，民在順上。(《王佩》)

黃沛榮曾舉《左傳》、《國語》、《論語》、《孟子》、《老子》、《莊子》、《荀子》、
《禮記》等文獻中使用頂眞格的例子，指出戰國時代的文獻幾乎都普遍地運
用了頂眞格。並進一步認爲戰國時代的散文中頂眞格的使用已經蔚然成風，
並有追求時尚的味道。有學者據此指出，《逸周書》中如此廣泛地運用頂眞格
也有一種追求時尚的意味。並說蓋因此法在戰國時代盛行，作文者競相倣仿，
將之引進自己的作品之中。與春秋時的賦詩言志、漢代的作賦、六朝的造騈
文是一樣的，都是追求時尚的產物。《逸周書》中 30 餘篇運用頂眞格的文章
造作者，恐怕主要是出於這種心理。並舉《大匡》第三十七爲例，分析文意，
指出其中所表現出的因刻意使用頂眞格而造成的生硬感。並指出《大匡》十
一、《程典》、《酆保》、《小開》、《文儆》、《文傳》、《大開武》、《寶典》、《酆謀》、
《和寤》、《成開》、《本典》與之相類，均爲戰國文風影響下的生搬硬套之作。
〔註31〕

　　然而，經過我們的逐條翻檢考察，不難發現有些篇章中所體現出的情況
不完全符合上述觀點的描述。首先，《逸周書》中這 30 餘篇裏所使用的近百
處頂眞格，大多數乃是出於行文的要求，是爲了使文章條理更爲清晰，說理
更爲綿密才使用了頂眞手法，並無刻意爲之的痕迹。試舉例以明之：《史記》
共列舉 28 國家滅亡的歷史經驗教訓，在這 28 條中使用了頂眞手法的有 3 條。
分別是：

　　　　　嚴兵而不□者其臣懾，其臣懾而不敢忠，不敢忠則民不親其
　　吏。刑始於親，遠者寒心，殷商以亡。

　　　　　樂專於君者權專於臣，權專於臣則刑專於民。君娛於樂，臣爭
　　於權，民盡於刑，有虞氏以亡。

　　　　　外內相間，下擾其民，民無所附，三苗以亡。〔註32〕

就《史記》這一篇文獻，其使用頂眞格的比率僅爲 3/28，僅一成稍多。很難
說成是追風之作。且對這三條逐一解讀，我們不難發現這三個頂眞格的使用
都出於行文推理之需要，邏輯上也沒有脫節硬湊之嫌，顯非刻意爲之。

　　再如《太子晉》：

　　　　　人生而重大夫，謂之冑子；冑子成人，能治上官，謂之士；士

〔註31〕周玉秀：《逸周書的語言特點極其文獻學價值》，中華書局，2005 年版。
〔註32〕《逸周書》，孔晁注，《四部叢刊》本。

　　率眾時作，謂之伯；伯能移善於眾，與百姓同，謂之公；公能樹名

　　與物天道俱，謂之侯；侯能成群，謂之君；君有廣德，分任諸侯而

　　敦信，曰予一人。〔註33〕

這是太子晉對各種名號之尊榮進行辨別論述的一段文字，論述之順序按各個
名號的尊榮程度而排列的，頂眞格使用在這裡可謂渾然天成，更無絲毫雕琢
之意。

　　其次，將《逸周書》中相當一部分篇章因此認定爲戰國時期所作，這也
是不恰當的。這種認定的思路是：因爲戰國文獻普遍使用頂眞格，所以所有
大量使用頂眞格的文章便均爲戰國時所作。這種推理認定的思路顯然是不夠
縝密的。《逸周書》的情況比較複雜，各篇章的寫定時間也很難準確認定，就
更不能驟下結論。或許個別篇章確爲跟風之作也有可能，然而決不能簡單地
一概而論。要具體情況具體分析，得出的結論才能客觀。比如《程典》篇也
被認爲是戰國時跟風之作，然而察之《左傳》，春秋時人魏絳已稱引《程典》
中之文字。故《程典》之成文必不晚於魏絳所處之時代，自然也就不會是戰
國時跟風之文。

　　我們對《逸周書》中頂眞格的使用情況進行分析，將其與《尚書》之情
況進行比較發現兩書在這一點上同異互見，首先，《逸周書》中近六成頂眞格
的使用與《尚書》性質相同，是爲兩書之同。其次，《逸周書》中頂眞格的使
用頻率要高於《尚書》，開始出現大篇幅使用頂眞格的現象，並且出現了幾乎
通篇使用頂眞格的文章，體現了這一修辭手法在先秦散文中的逐步發展，是
爲兩書之異。應該說《逸周書》中頂眞這一修辭手法的面貌顯然更爲多樣。

　　造成這種差異的原因，我認爲應該從寫成年代和文體兩方面來考察。首
先，在寫成年代方面，《逸周書》確實有一部分文獻的寫成時代稍晚於《尚書》
的主體。也正因爲此，兩書在文本方面呈現的面貌也頗有不同。頂眞的主要
作用是表現邏輯推理的嚴密和文意的層層遞進，使文章氣勢連貫，並形成一
種較好的節奏感。故一般用於闡述道理的說理議論文字。

　　《尚書》中文體基本均爲「典、謨、訓、誥」之屬，一般來說，多少都
具有些公文的性質，基本沒有整段的闡明類的文字。所以也不大可能產生大
篇幅的使用頂眞格的文字。《尚書》中惟一一例在較長的句群內使用頂眞格的
文字存於《呂刑》內。《呂刑》雖屬誥體，然頂眞格所在卻是介紹呂侯的法律

〔註33〕《逸周書》，孔晁注，《四部叢刊》本。

思想和刑罰主張的段落，而這部分內容也正是《呂刑》向被認為體例不純的原因所在。

　　相較之下，《逸周書》中的文體種類則要複雜一些，它不僅有與《尚書》相同的「典謨訓誥誓命」之文，還有論說體、格言體等文本的早期樣本。周玉秀對《大匡》三十七進行分析時指出其應當是政令條規性的公文向議論文過渡時的產物，是介於《尚書》和金文之間的含有訓誡意味而又有推理性質的一種文體。這一分析還是很有道理的。〔註 34〕《逸周書》在使用頂眞格方面與《尚書》所體現的差異與這種文體的狀況密切相關。頂眞格的大篇幅使用和偶爾的生硬正是《逸周書》進行文體探索的創作實踐的結果。

三、以數爲紀的運用及其作用

　　所謂以數爲紀，就是通過數與類的結合來描述事物、闡明道理的一種方法。對於以數爲紀，趙伯雄的解釋是：

> 以數爲紀實際上是一種邏輯思維的方法，是對事物的分析、綜合的過程。人類認識事物，總是從簡單到複雜。認識的對象變得複雜了，分類思想也就隨之產生。分類，是人們認識深化的表現。但分類的結果，又會使人們產生概括的要求。先秦文獻中的「以數爲紀」，實際上就是一種概括方法。〔註35〕

古代的分類學多建立在計數的基礎上，即使今天所謂科學的分類方法也同樣是數學與邏輯思維結合的產物。中國古代的分類觀念出現得很早，比如「陰陽」這一概念，從本質上講就是一種二分法。

　　數類結合的現象在先秦典籍中出現得很早，並且較早就受到了學者的關注。《莊子·天下》云：

> 以天爲宗，以德爲本，以道爲門，兆於變化，謂之聖人。以仁爲恩，以義爲理，以理爲行，以樂爲和，薰然慈仁，謂之君子。以法爲分，以名爲表，以參爲驗，以稽爲決，其數一二三四是也。
> 〔註 36〕

以數爲紀是《尚書》與《逸周書》中很常見的一種表達方法。對於兩書的以

〔註34〕周玉秀：《逸周書的語言特點極其文獻學價值》，中華書局，2005 年 2 月。

〔註35〕趙伯雄：《先秦文獻中的「以數爲紀」》，《文獻》1999 月 4 月。

〔註36〕《莊子》，《四部備要》，中華書局，1989 年版。

數為紀現象，姚鼐云：

> 吾意是《周書》之作，去孔子時又遠矣，文武之道固墜矣。莊
> 子言聖人之法，以參為驗，以稽為決，其數一二三四是也。此如箕
> 子陳九疇，及《周禮》所載庶官所守，皆不容不以數紀者。若是書
> 以數為紀之詞，乃至煩複，不可勝記，先王曷貴是哉？吾固知其証
> 也。〔註37〕

朱右曾云：

> 愚觀此書雖未必果出文武周召之手，要亦非戰國秦漢人所能傅
> 託。何者？莊生有言：聖人之法，以參為驗，以稽為決，一二三四
> 是也。周室之初，箕子陳疇，周官分職，皆以數紀，大致與此書相
> 似，其證一也。〔註38〕

《逸周書·周祝》曾提到「數為紀」一詞，文曰：「左名左，右名右，視彼萬物數為紀，紀之行也利而無方，行而無止」，孔晁注：「名以左右則物以數為紀，紀則生利，利以利情也」。〔註39〕由此可見，通過數來把握周遭的萬事萬物是很早就已經形成的一種思維方式。不僅是《尚書》、《逸周書》中存在以數為紀的現象，《管子》、《六韜》、《韓非子》等書也普遍存在這一現象。

《尚書》中存在以數為紀現象的篇目有《堯典》、《皋陶謨》、《洪範》、《立政》、《呂刑》。而據龐樸對《逸周書》現存五十九篇的統計，「其中明白以數類歸納所論對象的，占27篇」。並且，這27篇中的「數和類都還無固定圖式，大半是就事論事湊成的，數類之間，也很難說有嚴格的邏輯關係；從而呈現在人們面前的，仍然是一個雜多世界。」〔註40〕

《尚書》中以數為紀集中使用的篇章僅《洪範》一篇。文中箕子為人君講述大法，以「九疇」名之，分別為：五行、五事、八政、五紀、皇極、三德、稽疑、庶徵和五福六極，並且每個條目都進行了一一細解。

《逸周書》集中使用以數為紀的篇章為數頗多，具體篇章包括《命訓》、《常訓》、《文酌》、《大武》、《大明武》、《酆保》、《大開》、《小開》、《文傳》、《柔武》、《大開武》、《小開武》、《寶典》等，蔚為大觀。

〔註37〕姚鼐：《惜抱軒文集·辨逸周書》，《四部備要》，中華書局，1989年版。
〔註38〕朱右曾：《逸周書集訓校釋》，《皇清經解續編》本。
〔註39〕《逸周書》，孔晁注，《四部叢刊》本。
〔註40〕龐樸：《薊門散思·逸周書與數》，上海文藝出版社，1996年。

　　羅家湘《逸周書研究》曾指出，以數爲紀是口頭傳事的一個特徵。《尚書・洪範》是箕子口傳，故以數爲紀。《逸周書》中以數爲紀的篇章也是口傳記錄的表現。戰國時代諸子以數爲紀是模仿或繼承口傳特徵，由他們造就了我們好舉數目總結概括的文風和思路習慣。〔註41〕我們認爲這個觀點是較爲可信的，《尚書》與《逸周書》中很大一部分篇章都是對談話或口頭宣講內容的記錄，正因爲此，所以存在了很多以數爲紀的現象。以數爲紀這種表達方式是早已有之，淵源有自的傳統。

　　上文提及，先秦典籍中使用了以數爲紀的篇章爲數不少，經過我們對各個典籍中的相關內容進行考察，發現有相當一部分內容保存在不同典籍中。雖然各個典籍對這些條目的稱謂不同，但內容基本相同或極爲相似。如《管子・五輔》所講之「孝梯慈惠」等〔註42〕，在《逸周書》中也有見，如《寶典》所述「九德」是：一、孝，二、悌；三、慈惠；四、忠恕；五、中正；六、恭遜；七、寬弘；八、溫直；九、兼武。其中「孝」「悌」「慈惠」「中正」「恭遜」五項皆在《五輔》之「七體」之中，由這種情況，我們或許能夠這樣推測：先秦典籍中以數爲紀的部分內容是有所本的，在各個典籍中以不同面貌出現，乃所謂「傳聞異辭」者。這也符合上文所說的「以數爲紀」是口傳文學的特點這一觀點。

　　《大武》篇云：

　　　　武有六制：政、攻、侵、伐、搏、戰。善政不攻，善攻不侵，善侵不伐，善伐不搏，善搏不戰。

　　　　政有四戚、五和，攻有四攻、五良，侵有四聚、三斂，伐有四時、三興，搏有三哀、四赦，戰有六屬、五衛，六庠、五虞。

　　　　四戚：一內姓、二外婚、三友朋、四同里。五和：一，有天無惡；二，有人無邻；三，同好相因；四，同惡相助；五遠宅不薄。此九者，政之因也。

　　　　……

　　　　六屬：一，仁屬以行；二，智屬以道；三，武屬以勇；四，師屬以士；五，校正屬御；六，射師屬伍。五衛：一，明仁懷怒；二，

〔註41〕羅家湘：《逸周書研究》，上海古籍出版社 2006 年 10 月，第 14 頁。
〔註42〕《管子校正》，戴望，《諸子集成》本，上海書店。

　　明智輔謀；三，明武攝勇；四，明材攝士；五，明藝攝官。

　　　五虞：一，鼓走疑；二，備從來；三，佐車舉旗；四，采虞人
謀；五，後動撚之。〔註43〕

此篇文有脫訛處，其中的四戚五和又見於《大開武》，五衛六庠又見於《酆保》，而又脫去六庠不載。這些內容大概也是有所本，在先秦被廣泛使用的話語。另外，從《大武》行文的具體結構來看，也和《洪範》與《逸周書》中其他使用以數為紀的篇章有所不同之處。其結構為：先總說，然後羅列每一項的具體內容，最後以「此__者，__之__也」對此項內容進行總結。從層次感上來說，要更為豐富一些，結構也更為完整。同樣的結構，在《管子》一書中也有使用。大概這種結構在不斷的使用過程中逐步被認可，成為一種比較固定而常用的結構。

　　以數為紀的運用使得文章條理清晰，邏輯結構緊密。《尚書》中這一手法運用的相對較少，《逸周書》中的諸多篇章卻頻繁地使用這一手法，使得這一系列的文章呈現出了獨特的風格。

　　除以上所分析提及的這些修辭手法外，《尚書》、《逸周書》所使用的修辭手法還有比喻、借代、反問、引用等。各類修辭手法的運用不同程度地豐富了兩書的語言色彩，增強了文章的表現力，幫助文章形成了各自的風格。此處就不再一一分節論述。

　　《尚書》與《逸周書》雖然不是修辭學著作，也沒有具體論述修辭的內容。然而其中所蘊含的大量修辭現象為中國修辭學理論的產生提供了可以闡釋的第一手資料，其中所蘊含的一些思想也直接影響了傳統修辭理論的形成。很多修辭理論的形成都不同程度地受到兩書的影響。比如孔子修辭理論中的慎辭觀。《左傳·襄公二十五年》：「仲尼曰：『《志》有之，『言以足志，文以足言。』不言，誰知其志？言之無文，行而不遠。晉為伯，鄭入陳，非文辭不為功。慎辭也！』」〔註44〕孔子這段話即是對《尚書·舜典》中的「詩言志，歌永言」在修辭上的闡釋和發展。我們前文曾經提到《尚書》在行文布局上有一種固定的結構。首先陳述所要討伐者的罪行，其次言天降明命，己方乃受命討伐；最後為是就具體情況所作的約束賞罰之辭。這種結構所蘊含的深層思想是：正名。這是兩書在記載重大事件時進行闡述的共同歸依。

〔註43〕　《逸周書》，孔晁注，《四部叢刊》本。
〔註44〕　《春秋左傳正義》，《十三經注疏》，中華書局影印本。

而正名思想正是孔子修辭思想中的重要內容。《尚書》與《逸周書》中經常引用典故或歷史事件來幫助自己表達，這種習慣也多少影響了中國古代修辭學理論中崇古理論的形成。

結　語

　　作爲兩部重要的先秦典籍,《尚書》與《逸周書》之間有著某種天然的聯繫。從先秦典籍對《尚書》引用的狀況來看,《尚書》在先秦被許多學派所稱引,據劉起釪《尚書學史》統計,先秦各文獻中引用數篇共達三百三十多次,所出篇名共達五十多篇。而《尚書》諸篇在各家的引用中所出現的分歧相當大。這種分歧一是體現在所引篇章的不同,二是稱引方式有較大差異,三是同一篇章在各家典籍中具體文字也有較大差異。由前兩種分歧的情況來看,先秦之時,掌握和授受《尚書》的有多個學派。而通過各家引文的具體情況來分析,我們可以推斷今本《尚書》當是孔子整理後用以教學,被其後學傳承下來的那個版本。

　　先秦儒家尤其是思孟學派的著作中對《尚書》的稱引從方式和內容上具有高度的一致性,並且如果對其進行思想史上的梳理,我們能夠看出《尚書》與儒家學派在思想上的內在一致性和傳承脈絡。而造成第三種差異的原因當是先秦諸家都運用《尚書》中的內容來稱道古史,以宣揚自己的學說。爲適應自己學說的需要,所以出現了諸家所採用的同一篇章,而具體的表述文字又各有不同的現象。

　　東晉晚出的《古文尚書》,其眞僞問題多年來聚訟紛紜,未有定論。清代閻若璩的《尚書古文疏證》一書出而學界多以梅本古文《尚書》爲僞書。而其實《疏證》一文進行論證的思維方法卻有很多漏洞和可商榷之處。故此我們認爲,對梅本古文《尚書》我們不可輕易下結論,遽爾以其爲僞作。特別是對其中所保存的史料,更應審愼的對待。

　　相較於《尚書》而言，《逸周書》的情況則更爲複雜一些。學界長期以來將其摒於儒家典籍之外，而先秦典籍和簡帛文獻中對其的稱引情況卻顯示出《逸周書》在先秦當屬《尚書》一系。兩書的核心話語也具有高度一致性。而歷史上長期以來將其與晉代汲冢出書聯繫起來，其實是一種錯誤認識。

　　兩部典籍不論是從其所記錄的歷史事實來看，還是其所蘊含的思想來看，都具有許多可堪比照者。西周初年的重大事件諸如武王克商、營建洛邑在兩書的許多篇章中都有記載，而具體敘述上則同異並見。通過對兩書相關篇章的對比解讀我們可以對西周早期歷史有一個比較清晰的認識。而兩書所蘊含之歷史、政治、軍事等思想相當豐富，對其進行對比分析，我們可以發現兩書中的思想在我國的思想史上佔有極爲重要的位置，對思想史的發展也起到了很重要的作用。

　　而作爲我國最早的一批典籍，其在文章發展史上所具有的開創之功是不言而喻的。研究先秦修辭理論與文章敘事的特點，就不能不對兩書進行研究。兩書中所運用的多種修辭手法爲中國修辭學理論的產生提供了大量可供闡釋的第一手資料，奠定了基礎。而其中所內含的修辭思想也從不同程度上影響了傳統修辭理論的形成。

　　由於《逸周書》中的文獻情況複雜，涉及到某些具體問題的研究時，早期資料相對匱乏，使得我們在一些問題上無法更爲深入地展開研究。且這一課題本身涉及到諸多學科和領域，因此，研究中尚有不少問題有待解決。

　　《尚書》與《逸周書》是兩部重要的先秦典籍，其所蘊含的思想，兩書間的關聯對於先秦政治史、思想史的研究具有極爲重要的意義，本書所作的力所能及的探討只是一種小小的嘗試，希望其中的錯誤與不足，能作爲後來者的經驗教訓，爲他們的跋涉路途提供可資借鑒與比對的墊腳石。

附　表

	《逸周書》	先秦兩漢典籍	備　註
1	《常訓》:「允德以愼。愼微以始而敬,終乃不困」。	《左傳》襄25:「《書》曰:愼始而敬終,終以不困」。 徐幹《中論・法象》:「《書》曰:愼始而敬終以不困」。	《逸周書》文字據《逸周書彙校集注》本。引文與原文必兩兩印證,方入此表。
2	《武稱》:「美男破老、美女破舌、淫圖破□、淫巧破時、淫樂破正、淫言破義,武之毀也」。	《戰國策・秦策一》:「荀息曰:『《周書》有言,美女破舌。』」荀息曰:『《周書》有言,美男破老。』」	
3	《程典》:「於安思危,於始思終,於爾思備,於遠思近,於老思行」。	《左傳》襄11:「《書》曰:『居安思危。』」	
4	《文傳》:「《夏箴》曰:『小人無兼年之食,遇天饑,妻子非其有也;大夫無兼年之食,遇天機,臣妾輿馬非其有也。』」	《墨子・七患》:「故《周書》曰:『國無三年之食者,國非其國也,家無三年之食者,子非其子也。』」 《穀梁傳》:莊28:「國無三年之畜,曰國非其國也。」	
	《文傳》:「士多民少,非其土也。土少人多,非其人也。是故土多發政,以漕四方,四方流之。土少安,而外其務方輸。《夏箴》曰:中不容利,民乃外次。《開望》曰:土廣無守,可襲伐;土狹無食,可圍竭。」	王符《潛夫論・實邊》:「《周書》曰:土多人少,莫出其材,是謂虛土,可襲伐也。土少人眾,民非其民,可遺竭也。」	
5	《寤敬》:「無虎傅翼,將飛入宮,擇人而食。」	《韓非子・難勢》:「故《周書》曰:毋爲虎傅翼,將飛入邑,擇人而食之。」	

6	《和寤》：「綿綿不絕，蔓蔓若柯，毫末不掇，將成斧柯。」	《戰國策‧魏策一‧蘇子爲趙合從說魏王》：「《周書》曰：『綿綿不絕，縵縵奈何；毫毛不拔，將成斧柯。」 《史記‧蘇秦列傳》：「周書曰：『綿綿不絕，蔓蔓奈何？豪氂不伐，將用斧柯。」	
7	《克殷》：「周車三百五十乘陳於牧野，帝辛從。	《史記‧周本紀》：：武王……遂率戎車三百乘，虎賁三千人，甲士四萬五千人，以東伐紂。帝紂聞武王來，亦發兵七十萬人距武王。	《史記》對《克殷》全文引用且有所發揮。
	「武王使尙父與伯夫致師。王既以虎賁車馳商師，商師大敗。	「武王使師尙父與百夫致師，以大卒馳帝紂師。紂師雖眾，皆無戰之心，心欲武王亟入。紂師皆倒兵以戰，以開武王。武王馳之，紂兵皆崩畔紂。	
	「武王乃手太白以麾諸侯，諸侯畢拜，遂揖之。商庶百姓，咸俟於郊。	「武王持大白旗以麾諸侯，諸侯畢拜武王，武王乃揖諸侯，諸侯畢從。武王至商國，商國百姓咸待於郊。	
	「群賓僉進曰：『上天降休！』再拜稽首。武王答拜。	「於是武王使群臣告語商百姓曰：『上天降休！』商人皆再拜稽首，武王亦答拜。	
	「先入，適王所，乃克射之，三發而後下車，而擊之以輕呂，斬之以黃鉞。折縣諸太白。適二女之所，乃既縊。王又射之三發，乃右擊之以輕呂，斬之以玄鉞，縣諸小白。乃出場於厥軍。	「遂入，至紂死所。武王自射之，三發而後下車，以輕劍擊之，以黃鉞斬紂頭，縣大白之旗。已而至紂之嬖妾二女，二女皆經自殺。武王又射三發，擊以劍，斬以玄鉞，縣其頭小白之旗。武王已乃出復軍。	
	「及期，百夫荷素質之旗於王前；叔振奏拜假，又陳常車；周公把大鉞、召公把小鉞以夾王。泰顛、閎夭，皆執輕呂以奏王。王入，即位於社太卒之左。群臣畢入。	「其明日，除道，修社及商紂宮。及期，百夫荷罕旗以先驅。武王弟叔振鐸奉陳常車，周公旦把大鉞，畢公把小鉞，以夾武王。散宜生、太顛、閎夭皆執劍以衛武王。既入，立於社南大卒之左，〔左〕右畢從	
	「毛叔鄭奉明水、衛叔傳禮，召公奭贊探，師尙父牽牲。尹逸策曰：『殷末孫受，德迷先成湯之明，侮滅神祇不	「毛叔鄭奉明水，衛康叔封布茲，召公奭贊探，師尙父牽牲。尹佚筴祝曰：『殷之末孫季紂，殄廢先王明德，侮滅神	

	衼，昏暴商邑百姓，其彰顯聞於昊天上帝。』周公再拜稽首，乃出	衹不衼，昏暴商邑百姓，其章顯聞於天皇上帝。』於是武王再拜稽首，受天明命。』武王又再拜稽首，乃出。	
	立王子武庚，命管叔相。乃命召公，釋箕子之囚；命畢公、衛叔出百姓之囚。乃命南官（宮）忽振鹿臺之財、巨橋之粟。乃命南官（宮）百達、史佚遷九鼎三巫。乃命閎夭封比干之墓。乃命宗衼崇賓，享禱之於軍。乃班	「封商紂子祿父殷之餘民。武王爲殷初定未集，乃使其弟管叔鮮、蔡叔度相祿父治殷。已而命召公釋箕子之囚。命畢公釋百姓之囚，表商容之閭。命南宮括散鹿臺之財，發矩橋之粟，以振貧弱萌隸。命南宮括、史佚展九鼎保玉。命閎夭封比干之墓。命宗祝享祠於軍。乃罷兵西歸。」	
8	《大匡》三十七：「悖則死勇。勇知害上，則不登於明堂。」	《左傳》文2：「周志有之：『勇則害上，不登於明堂。』」	
9	《世俘》：「惟一月丙辰旁生魄，若翼日丁巳，王乃步自於周，征伐商王紂。」	《漢書・律曆志》：「《周書・武成篇》：『惟一月壬辰，旁死霸，若翼日癸巳，武王乃朝步自周，於征伐紂。』」	
	「越若來二月既死魄，越五日甲子朝，至，接於商。則咸劉商王紂，執天惡臣百人。」	「《武成篇》曰：『粵若來三月，既死霸，粵五日甲子，咸劉商王紂。』」	
	「時四月，既旁生魄，越六日，庚戌，武王朝，至燎於周」。「若翼日辛亥，衼於位，用鑰於天位。越五日乙卯，武王乃以庶衼馘於周廟。」	「故《武成篇》曰：『惟四月既旁生霸，粵六日庚戌，武王燎於周廟。翼日辛亥，衼於天位。粵五日乙卯，乃以庶國衼馘於周廟。』」	
10	《度邑》：「維王克殷國，君諸侯，乃厥獻民征主九牧之師見王於殷郊。	《史記・周本紀》：「武王征九牧之君，	
	「王乃升汾之阜，以望商邑。永歎曰：『嗚呼！不淑兌天對，遂命一日，維顯畏弗忘。』王至於周，自□至於丘中，肯明不寢。	「登闕之阜，以望商邑。武王至於周，自夜不寐。	
	「王小子御告叔旦，叔旦亟奔即王。曰：『久憂勞。』問周不寢。「曰：『安予告汝。』王曰：「嗚呼，旦惟天不享於殷，發之未生，至於今六十年，夷羊	「周公旦即王所，曰：『曷爲不寐？』王曰：「告女：維天不饗殷，自發未生於今六十年，麋鹿在牧，蜚鴻滿野。天不饗殷，乃今有成。維天建殷，其登名民	

	在牧，飛鴻滿野。天不享於殷，乃今有成。維天建殷，厥徵天民，名三百六十夫，弗顧，亦不賓滅。用戾於今。嗚呼於憂，茲難近飽於恤辰，是不室。我未定天保，何寢能欲？」	三百六十夫，不顯亦不賓滅，以至今。我未定天保，何暇寐！」	
	王曰：「且，予克致天之明命，定天保，依天室，志我共惡，俾從殷王紂，四方赤宜未定我於西土。我維顯服，及德方明……」	王曰：「定天保，依天室，悉求夫惡，貶從殷王受。日夜勞來定我西土，我維顯服，及德方明。	
	王曰：「嗚呼，且！我圖夷，茲殷，其惟依天，其有憲命，求茲無遠。天有求繹，相我不難。自洛汭延於伊汭，居陽無固，其有夏之居。我南望過於三途，北望過於有嶽，鄙顧瞻過於河宛，瞻於伊洛。無遠天室，其曰茲曰度邑。」	自洛汭延於伊汭，居易毋固，其有夏之居。我南望三途，北望嶽鄙，顧詹有河，粵詹雒、伊，毋遠天室。」營周居於雒邑而後去。	
11	《大戒》王拜曰：『允哉，允哉，敬行天道。』	《呂氏春秋·貴信》：「《周書》曰允哉允哉」。	
12	《嘗麥》「太史策刑書九篇，以升，授太正。」	《左傳》昭6：「周有亂政，而作九刑。」	
13	《本典》「今朕不知明德所則，政教所行，字民之道，禮樂所生，非不念而知，故問伯父」。「均分以利之則民安」。	《說文解字》「倪」字下引：「《逸周書》曰：『朕實不明，以伯父』」。「祈」字下引：「《逸周書》曰：士分民之祈，均分以祈之也。」	
14	《王會》「北唐以閭」。「蜀人以文翰，文翰者，若皋雞。」	《儀禮·鄉射禮》鄭玄注引《周書》曰：北唐以閭。《說文解字》「翰」字下引：「《逸周書》曰：文翰若雉。」	
15	《祭公》：「汝無以戾□罪疾，喪時二王大功。汝無以嬖御固莊后，汝無以小謀敗大作，汝無以嬖御士疾大夫卿士，汝無以家相亂王室而莫恤其外。」	《禮記·緇衣》：「《葉公之顧命》曰：『毋以小謀敗大作，毋以嬖御人疾莊后，毋以嬖御士疾莊士、大夫、卿士。』」《韓非子·說疑》：「故《周記》曰：」無尊妾而卑妻，無孽適子而尊小枝，無尊嬖臣而匹上卿，無尊大臣以擬其主也。」	

16	《芮良夫》「德則民戴，否則民讎」	《呂氏春秋・適威》：「《周書》曰：民善之則畜也，不善則仇也。」	陳夢家《尚書通論》以爲二者相似。然《淮南子・道應訓》以之爲尹佚之言。
17	《王佩》「存亡在所用，離合在出命。」	《史記・主父偃列傳》：「故《周書》曰安危在出令，存亡在所用。」《漢書》卷六十四：「故《周書》曰：『安危在出令，存亡在所用。』」	
18	《周祝》「獺有蚤而不敢以撅」。	《說文解字》「獺」字下引：「《逸周書》曰：獺百爪而不敢以撅。」	《說文解字》引文從陳夢家《尚書通論》

參考文獻

著作類：

1. 《尚書正義》，孔穎達等，中華書局《十三經注疏》本。

2. 《尚書古文疏證》，文淵閣四庫全書影印本，臺灣商務印書館。

3. 《今文尚書疏證》，皮錫瑞，中華書局 1989 年。

4. 《敦煌殘卷古文尚書校注》，吳福熙，甘肅人民出版社 1992 年。

5. 《尚書通論》，陳夢家，中華書局 2005 年。

6. 《尚書綜述》，蔣善國，上海古籍出版社 1988 年。

7. 《尚書學史》（訂補本），劉起釪，中華書局 1996 年。

8. 《逸周書》，孔晁注，《四部叢刊》本。

9. 《逸周書集訓校釋》，朱右曾，《皇清經解續編》本。

10. 《逸周書補注》，陳逢衡，道光五年修梅山館刻本。

11. 《周書評議》，俞越，《皇清經解續編》本。

12. 《周書補正》（見《劉申叔遺書》第二十一至二十三冊），劉師培，錢玄同編，南桂馨校印本。

13. 《逸周書彙校集注》（修訂本），黃懷信等撰，李學勤審定，上海古籍出版社 2007 年。

14. 《逸周書校補注譯》，黃懷信，西北大學出版社 1996 年。

15. 《逸周書的語言特點及其文獻學價值》，周玉秀，中華書局 2005 年。

16. 《逸周書研究》，羅家湘，上海古籍出版社 2006 年。

17. 《逸周書源流考辯》，黃懷信，西北大學出版社 1992 年。

18. 《國語集解》，徐元誥，沈長雲、王樹民點校，中華書局 2002 年。

19. 《春秋左傳正義》，孔穎達，中華書局《十三經注疏》本。

20. 《春秋左傳注》，楊伯峻，中華書局 1990 年。

21. 《論語正義》，劉寶楠，《諸子集成》本。

22. 《論語注疏》，中華書局《十三經注疏》本。

23. 《毛詩正義》，孔穎達等，中華書局《十三經注疏》本。

24. 《孟子正義》，焦循，《諸子集成》本。

25. 《孟子注疏》，中華書局《十三經注疏》本。

26. 《管子校正》，戴望，《諸子集成》本。

27. 《老子注》，王弼，《諸子集成》本。

28. 《六韜譯注》，婁熙元等，河北人民出版社 1995 年。

29. 《墨子集詁》，上海古籍出版社 2005 年。

30. 《莊子集釋》，郭慶藩，《諸子集成》本。

31. 《荀子集釋》，王先謙，《新編諸子集成》本。

32. 《穆天子傳西征講疏》，顧實，中國書店 1990 年重印。

33. 《周禮注疏》，賈公彥，中華書局《十三經注疏》本。

34. 《儀禮注疏》，賈公彥，中華書局《十三經注疏》本。

35. 《禮記正義》，孔穎達，中華書局《十三經注疏》本。

36. 《呂氏春秋譯注》（修訂本），張雙棣等，北京大學出版社 2000 年。

37. 《戰國策注釋》，何建章，中華書局 1990 年。

38. 《大戴禮記解詁》，王聘珍，中華書局 1983 年。

39. 《淮南子注》，高誘，《諸子集成》本。

40. 《論衡》，王充，《諸子集成》本。

41. 《春秋繁露》，董仲舒，《四部叢刊》本。

42. 《白虎通疏證》，陳立，《新編諸子集成》本。

43. 《文選》蕭統編，李善注，上海古籍出版社 1986 年。

44. 《文心雕龍》，《文淵閣四庫全書》影印本，臺灣商務印書館。

45. 《史記》，司馬遷，中華書局 1982 年。

46. 《漢書》，班固，中華書局 1982 年。

47. 《西周史》，楊寬，上海人民出版社 1999 年。

48. 《戰國史》（增訂本），楊寬，上海人民出版社 1998 年。

49. 《中國思想通史》（第 1 卷），侯外廬等，人民出版社 1957 年。

50. 《兩漢思想史》，徐復觀，華東師範大學出版社 2001 年。

51. 《古史辨》，顧頡剛等，上海古籍出版社 1982 年影印。

52. 《文章辨體序說　文體明辨序說》，人民文學出版社 1998 年。

53. 《卜辭通纂》，郭沫若，1993 年金屬版印本。

54. 《雙劍誃吉金文選》，于省吾，中華書局 1998 年。

55. 《殷虛卜辭綜述》，陳夢家，科學出版社 1956 年。

56. 《銀雀山漢墓竹簡》，銀雀山漢墓竹簡整理小組，文物出版社 1975 年。

57. 《郭店楚墓竹簡》，文物出版社 1998 年。

58. 《帛書老子校注》，高明，中華書局 1996 年。

59. 《文史通義校注》，章學誠，葉瑛校注，中華書局 1994 年。

60. 《中國現代學術經典·熊十力卷》，河北教育出版社 1996 年。

61. 《熊十力別集》，中國人民大學出版社 2006 年。

62. 《中國古代文體概論》，褚斌傑，北京大學出版社 1984 年。

63. 《中國古代文體學論稿》，郭英德，北京大學出版社 2005 年。

64. 《審核古文尚書案》張岩，中華書局 2006 年。

65. 《晚出古文尚書公案與清代學術》，吳通福，上海古籍出版社 2007 年。

66. 《今文尚書語言研究》，錢宗武，嶽麓書社 1996 年。

67. 《西周金文語法研究》，管燮初，商務印書館 1981 年。

68. 《尚書語法研究》，張文國，巴蜀書社 2000 年。

69. 《中國修辭學通史》（先秦兩漢魏晉南北朝卷），陳光磊、王俊衡，吉林教育出版社 1998 年。

70. 《古文獻叢論》，李學勤，上海遠東出版社 1996 年。

71. 《經典與傳統：先秦兩漢詩賦考論》，方銘，人民文學出版社 2003 年。

72. 《中國古代文明研究》，李學勤，華東師範大學出版社 2005 年。

73. 《西週年代考·六國紀年》，陳夢家，中華書局 2005 年。

74. 《詮釋學與先秦儒家之意義生成》，劉耘華，上海譯文出版社 2002 年。

75. 《文字·詮釋·傳統——中國詮釋傳統的現代轉化》，潘德榮，上海譯文出版社 2003 年。

76. 《歷史哲學》，黑格爾，王造時譯，上海書店出版社 1999 年。

77. 《歷史的觀念》，（英）柯林武德，商務印書館 1994 年。

78. 《尼采注疏集》，劉小楓主編，華東師範大學出版社 2007 年。

79. 《儒家文獻與早期儒學研究》，楊朝明，齊魯書社 2002 年。

論文類

尚書類

1. 《尚書》中所稱道的理想君王形象，梁鳳榮，《河南社會科學》2006 年 4 月。

2. 從《尚書‧虞夏書》的「德治」到《論語》的「成於樂」，邱淵，陳天亮，《雲南社會科學》2006 年 4 月。

3. 論《尚書》重言詞中的語義關係，錢宗武，《鹽城師範學院學報》2006 年 3 月。

4. 《尚書》「三危」地望研究述評，陳愛峰，《青海民族研究，》2006 年 3 月。

5. 從政治合法性的建構到歷史理性的覺醒──論《尚書》的歷史敘事，鄧聯合，《江淮論壇》2006 年 4 月。

6. 陳夢家先生的年代學與《尚書》研究，馮，時，《漢字文化》2006 年 4 月。

7. 《尚書‧周官》與《周禮》關係考論──兼談西周的公卿關於與孔子儒學，翟奎鳳，《太原理工大學學報》2006 年 2 月。

8. 論焦循的《尚書》學研究，陳居淵，《貴州師範大學學報》2006 年 3 月。

9. 論敦煌寫本《尚書》的異文類型及其特點，錢宗武，陳楠，《古籍整理研究學刊》2006 年 3 月。

10. 論《尚書》中的「德政」範式，梁鳳榮，《遼寧大學學報》2006 年 2 月。

11. 孔子與《尚書》的整理，劉義峰，《中華文化論壇》2007 年 1 月。

12. 論《尚書》中的早期儒家思想，呂勝男，《忻州師範學院學報》2007 年 2 月。

13. 今文《尚書》簡單動詞謂語句研究，唐智燕，《南華大學學報》2007 年 1 月。

14. 帛書《要》與《墨子》稱說「尚書」意旨新探──兼與郭沂、廖名春諸學者商議，馬士遠，《學術月刊》2007 年 1 月。

15. 今文《尚書》中的修辭手法，盧一飛，《皖西學院學報》2007 年 1 月。

16. 《尚書‧盤庚》三篇次序考，劉義峰，《古籍整理研究學刊》2007 年 1 月。

17. 古文《尚書‧說命》與傅聖思想研究，楊善群，《晉陽學刊》2007 年 1 月。

18. 《尚書‧堯典》新議，馮廣宏，《文史雜誌》2007 年 1 月。

19. 《尚書·洪範》尚五商代說，曹松羅，《揚州教育學院學報》2006 年 4 月。

20. 論《尚書》「德」範疇的形上義蘊——兼論中國哲學認識和把握世界的三個環節，孫熙國，《哲學研究》2006 年 12 月。

21. 《尚書·無逸》及其所體現的周初政治教育思想，杜建慧，《鄭州大學學報》2006 年 6 月。

22. 今文《尚書》復音形容詞研究，錢海峰，《文教資料》2006 年 3 月 5。

23. 從《尚書》到《文心雕龍》看情志觀的演變，張驍飛，《牡丹江教育學院學報》2006 年 6 月。

24. 《尚書》文體分類及行爲與文本的關係，於雪棠，《北方論叢》2006 年 2 月。

25. 昭昭如日月之代明，離離若星辰之錯行——試論《尚書》的敘事藝術，陳良行，《蘭州學刊》2006 年 2 月。

26. 人文地理學與文明中心觀之始原——讀《尚書·禹貢》，張碧波，《黑龍江社會科學》2006 年 1 月。

27. 《墨子》引書與歷代《尚書》傳本之比較——兼議「僞古文《尚書》」不僞，鄭傑文，《孔子研究》2006 年 1 月。

28. 《尚書》的德治思想及其對建設和諧社會的啓示，畢天璋，《河南教育學院學報》2006 年 1 月。

29. 《尚書》民本思想述論，艾新強，《廣西社會主義學院學報》2005 年 4 月。

30. 古文《尚書》特殊字形舉例，林誌強，《古漢語研究》2005 年 4 月。

31. 明其「法」而得其「理」——研究《尚書》的新途徑，馬士遠，《唐都學刊》2005 年 6 月。

32. 顧頡剛在《尚書》研究領域的成就與貢獻略述，王忠，《青海民族學院學報》2005 年 4 月。

33. 談偃師焦村魏石經《尚書·無逸》殘石，趙振華，《古籍整理研究學刊》2005 年 5 月。

34. 《尚書·虞書》「克諧」思想摭談，馬士遠，《社會科學家》2005 年 4 月。

35. 今文《尚書》的否定副詞，許敏雲，《宜春學院學報》2005 年 3 月。

36. 辨僞學的歧途——評《尚書古文疏證》，楊善群，《淮陰師範學院學報》，2005 年 3 月。

37. 《今文尚書》的「而」字，昝麗凡，《新鄉師範高等專科學院學報》2005 年 3 月。

38. 《尚書·禹貢》「織貝」考，劉興林，《江海學刊》2005 年 4 月。

39. 《尚書・堯典》「陟方乃死」解，劉起釪，《湖南科技學院學報》2005 年 1 月。

40. 論《尚書・洪範》與墨家政治思想，薛柏成，《吉林師範大學學報》2005 年 1 月。

41. 論今文《尚書》的三價動詞，唐智燕，《長沙理工大學學報》2005 年 1 月。

42. 司馬遷與《尚書》之關係考論，張強，《中國文化研究》2005 年 1 月。

43. 由《尚書》材料看夏商周法制的演變，紀曉建，《伊犁師範學院學報》2005 年 1 月。

44. 中華早期文明的文化人類學考察──讀《尚書・堯典》，張碧波，《學習與探索》2005 年 1 月。

45. 《書》、《詩》中「哲」義小考，張榮明，《管子學刊》2005 年 1 月。

46. 今文《尚書》兼語句研究，周正穎，《古漢語研究》2005 年 1 月。

47. 「時日曷喪」淺議，劉偉，《晉陽學刊》2005 年 1 月。

48. 《尚書》中召工形象探微，趙雅麗，《重慶社會科學》2005 年 1 月。

49. 據古本《尚書》論衛包改字，林誌強，《福建師範學院學報》2005 年 1 月。

50. 《尚書》與中國古代藝術設計思想，鄭麗虹，《齊魯學刊》2004 年 5 月。

51. 《尚書・牧誓》與殷周歷史，金久紅，《邯鄲師專學報》2004 年 4 月。

52. 論古文《尚書》的學術價值，楊善群，《孔子研究》2004 年 5 月。

53. 今文《尚書》中副詞「弗」的功能考察，劉光明，《安慶師範學院學報》2004 年 4 月。

54. 今文《尚書》動詞同義詞聚合，唐智燕，《求索》2004 年 6 月。

55. 今文《尚書》指示代詞的用法及其特點，錢宗武，《南京郵電學院學報》2004 年 2 月。

56. 論《尚書》「作名 1/『之』名 2」及先秦「爲名 1/『之』名 2」結構，唐智燕，《湘潭大學學報》2004 年 3 月。

57. 新出材料與《尚書》文本的解讀，林誌強，《福建師範大學學報》2004 年 3 月。

58. 《尚書》敬語論，丁海燕，《濟寧師範專科學校學報》2004 年 2 月。

59. 西周金文及《尚書》中之「若曰」考，王穎，《廊坊師範學院學報》2004 年 1 月。

60. 漢代《書》的傳承與《書》學的演化──《兩漢全書》編纂雜識之一，董治安，《山東大學學報》2004 年 2 月。

61. 也論「孔壁古文」，何立民，《山東行政學院，山東省經濟管理幹部學院

學報》2004 年 1 月。

62. 今文《尚書》語法札記，唐智燕，《廣西社會科學》2004 年 3 月。

63. 察時鑒史，居安思危——論《尚書·無逸》中周公的憂患意識，安正發，《安徽電子信息職業技術學院學報》2004 年 1 月。

64. 《西伯戡黎》新解，王保國，《殷都學刊》2003 年 4 月。

65. 論《尚書》連詞的特點及其詞性界定，錢宗武，《徐州師範大學學報》2003 年 4 月。

66. 「明德慎罰」——《尚書》的「以德治國」思想探析，王定璋，《中華文化論壇》2003 年 4 月。

67. 《尚書》研究的新成果，彭裕商，《中華文化論壇》2003 年 2 月。

68. 「詩言志」源流及其美學嬗變——從《尚書·堯典》到《詩大序》，王益，《自貢師範高等專科學校學報》2003 年 1 月。

69. 《尚書》書名的意義與儒家道統關係新探，王健，《學海》2003 年 4 月。

70. 從《尚書》論先秦人的時間意識，尤煒，《上饒師範學院學報》2003 年 1 月。

71. 近二十年《尚書》研究綜述，王連龍，《吉林師範大學學報》2003 年 5 月。

72. 郭店楚簡引《書》考，黃震雲，黃偉，《南陽師範學院學報》2003 年 2 月。

73. 上博簡《甘棠》之論與召公奭史事探析——附論《尚書·召誥》的性質，晁福林，《南都學壇》2003 年 5 月。

74. 由《尚書》看周代以前德治思想的演變，董國軍，《江蘇大學學報》2003 年 2 月。

75. 上海博物館藏《戰國楚竹書·緇衣》所引《尚書》文字考——兼釋《戰國楚竹書·緇衣》有關的幾個字，臧克和，《古籍整理研究學刊》2003 年 1 月。

76. 《尚書·酒誥》與《詩經》中的酒德，劉冬穎，《東疆學刊》2003 年 3 月。

77. 《尚書·盤庚上》正讀，饒尚寬，《語言與翻譯》2003 年 4 月。

78. 古文《尚書》流傳過程探討，楊善群，《學習與探索》2003 年 4 月。

79. 中西思維方式的比較——對《尚書·洪範》和《工具論·範疇篇》的分析，黃玉順，《西南師範大學學報》2003 年 5 月。

80. 《尚書·堯典》「明明揚側陋」考釋，易寧，《史學史研究》2003 年 4 月。

81. 讀《尚書·立政》，郭旭東，《史學月刊》2003 年 9 月。

82. 《古文尚書》與《逸周書》源流考——兼與劉起釪先生商榷，劉俊男，《山

東師範大學學報》2003 年 2 月。

83. 古文《尚書》與舊籍引語的比較研究，楊善群，《齊魯學刊》2003 年 5 月。

84. 論西周王朝政治意識中的合法性理念——以今文《尚書》爲中心，王健，《江海學刊》2003 年 6 月。

85. 《尚書·洪範》作於西周初年考，陳蒲清，《湖南師範大學社會科學學報》2003 年 1 月。

86. 《尚書·盤庚》「亂越我家」考釋，易寧，《北京師範大學學報》2003 年 2 月。

87. 淺析《尚書》中的「德政，」，陳雪雲，《廣州市公安幹部管理學院學報》2002 年 1 月。

88. 從《盤庚》看商代中期的王權，李玲玲，《殷都學刊》2002 年 2 月。

89. 今文《尚書》指示代詞研究，張文國，《聊城大學學報》2002 年 2 月。

90. 從「庶獄庶慎」到「惟良折獄」——《尚書》刑法觀念的形成、發展與特徵，王定璋，《天府新論》2002 年 6 月。

91. 今文《尚書》歧義結構研究，張文國，張文強，《柳州師專學報》2002 年 1 月。

92. 周公居東說——兼論《召誥》、《君奭》著作背景和意旨，（美）夏含夷，《古史異觀》上海古籍出版社 2005 年。

93. 關於《尚書·周書·梓材》「至於敬寡，至於屬婦」的注解，鄧志瑗，《江西教育學院學報》2002 年 2 月。

94. 《尚書》的歷史作用與文獻價值，朱德魁，《貴州文史叢刊》2002 年 3 月。

95. 《尚書》「德治」探微，姜大仁，《文史天地》2002 年 5 月。

96. 對《尚書》內容的分類，朱德魁，《貴州民族學院學報》2002 年 3 月。

97. 《尚書》政治思想發展脈絡簡論，張樹旺，《廣西大學學報》2002 年 3 月。

98. 基於《金文資料庫》的《尚書》文獻用字研究（二），臧克和，《古籍整理研究學刊》2002 年 3 月。

99. 論今文周書所見之周初政治思想，翁賀凱，《東南學術》2002 年 5 月。

100. 對《易·大衍筮法》曆與《尚書·堯典》曆之認識，戴純平，《安陽大學學報》2002 年 2 月。

101. 《尚書·顧命》行禮場所在路寢在宗廟異說考，劉起釪，《中國史研究》2002 年 1 月。

102. 《尚書正義》點校札記，喻遂生，《西南師範大學學報》2002 年 4 月。

103. 郭店楚簡《緇衣》與《尚書・呂刑》，晁福林，《史學史研究》2002 年 2 月。

104. 《山海經・大荒經》與《尚書・堯典》的對比研究，劉宗迪，《民族藝術》2002 年 3 月。

105. 《召誥》片斷賞析兼論《尚書》在散文史上的地位，盧一飛，《淮北技術職業師範學院學報》2007 年 2 月。

106. 《尚書》句讀一則，笪珏如，《鎮江師專學報》2001 年 3 月。

107. 《尚書》對歷史經驗的認知和總結，王定璋，《中和文化論壇》2001 年 4 月。

108. 今文《尚書》雙賓語句型和雙賓語動詞的選擇，錢宗武，《雲夢學刊》2001 年 6 月。

109. 上古漢語詞義是上古文獻寫成時代的重要依據——以產生時代分歧最多的《堯典》為例，周寶宏，《瀋陽師範學院學報》2001 年 5 月。

110. 《尚書・盤庚上》「首段」言論新解，梅顯懋，《遼寧師範大學學報》2001 年 3 月。

111. 今文《尚書》的語氣研究，沈丹蕾，《廣西師範大學學報》2001 年 3 月。

112. 《尚書》札記二則，宋華強，《古籍整理研究學刊》2001 年 5 月。

113. 《尚書》法先王思想及其對後世的影響，游喚民，《船山學刊》2001 年 4 月。

114. 論《史記》釋《尚書・西伯戡黎》，易寧，《史學史研究》2001 年 2 月。

115. 《費誓》時地管見，楊朝明，《齊魯學刊》2001 年 2 月。

116. 今文《尚書》語氣詞的語用範圍和語用特徵，錢宗武，《古漢語研究》2001 年 4 月。

117. 《尚書》「對偶」藝術淺析，何淩風，《牡丹江師範學院學報》2000 年 4 月。

118. 帝辛小議——從《尚書・牧誓》看殷紂王，杜健，《自貢師範高等專科學校學報》2000 年 4 月。

119. 中國歷代王朝的行政大法——簡析《尚書・洪範》，齊明山，《北京行政學院學報》2000 年 4 月。

120. 《尚書》德治思想原論，張幼良，《徐州師範大學學報》2000 年 4 月。

121. 略論《尚書》的整理和研究，王世舜，《聊城師範學院學報》200 年 1 月。

122. 《尚書・甘誓》新論，吳薇薇，《天津師大學報》2000 年 1 月。

123. 《尚書》中的特權思想——從「沉潛剛克」到「高明柔克」，王定璋，《天府新論》2000 年 5 月。

124. 古代中國應用文的初始實踐——《尚書》的性質及文體類型淺析，張興

福,《社科縱橫》2000 年 4 月。

125. 兩「逸」之比——《尚書‧無逸》與《國語‧論勞逸》對讀,沈利斌,趙俊芳,《四川教育學院學報》2000/Z1。

126. 《尚書‧說命》及其教育意義,畢天璋,《河南教育學院學報》2000 年 1月。

127. 對《尚書‧益稷》對所在舜《韶》的質疑,王福銀,《管子學刊》2000 年 3 月。

128. 《尚書》「治國論」史觀芻議,夏祖恩,《福建師大福清分校學報》2000 年 4 月。

129. 簡論伏生與《大傳》,黃開國,《成都大學學報》2000 年 2 月。

130. 《尚書‧召誥》「生子」試釋,臧克和,《中國史研究》2000 年 3 月。

131. 《尚書》中的裕民思想,王定璋,《社會科學研究》2000 年 4 月。

132. 《尚書》與中國小說,王恒展,《山東師大學報》2000 年 3 月。

133. 《尚書‧堯典》一篇古老的儺戲「劇本」,劉宗迪,《民族藝術》2000 年 3 月。

134. 《尚書》句首句中語助詞研究的幾點認識,錢宗武,《古漢語研究》2000 年 2 月。

135. 《尚書》人稱代詞的系統分析和語用考察,董學軍,《台州學院學報》1999 年 2 月。

136. 象以典刑——論《尚書》中的刑罰觀,王定璋,《中華文化論壇》1999 年 4 月。

137. 《尚書》中的天及天人關係問題,潘興,《煙臺師範學院學報》1999 年 2 月。

138. 從敬天保民到敬德保民——《尚書》中神權政治的嬗變,王定璋,《天府新論》1999 年 6 月。

139. 從《尚書》看周人是如何鞏固周初政權的,何如月,《唐都學刊》1999 年 4 月。

140. 《尚書》「之」字論,張其昀,《南通師範學院學報》1999 年 3 月。

141. 《尚書‧周書》「道」概念的內涵及特點,王瑩,《遼寧師範大學學報》1999 年 6 月。

142. 《尚書》的德治思想,張希平,《晉陽學刊》1999 年 6 月。

143. 《尚書》注釋三題,朱運中,《古籍整理研究學刊》1999 年 4 月。

144. 郭店楚簡《成之聞之》、《唐虞之道》篇與《尚書》,廖名春,《中國史研究》1999 年 3 月。

145. 從《尚書》有關文獻說到中國古代一種樂舞的聯繫,臧克和,《文藝理

論研究》1999 年 4 月。

146. 談談《尚書》——中國散文史札記，石鵬飛，《思想戰線》1999 年 4 月。

147. 從《尚書·虞夏書》看堯舜禹社會政治組織的性質，呂美泉，《社會科學戰線》1999 年 5 月。

148. 《尚書·無逸》篇新證，黎廣基，《南京師範大學學報》1999 年 6 月。

149. 今文《尚書》判斷句研究，錢宗武，《湖南師範大學學報》1999 年 6 月。

150. 西周初年思想戰線上的一場大鬥爭——《尚書·君奭》新釋，游喚民，《湖南師範大學學報》1999 年 1 月。

151. 今文《尚書》語氣研究的重大創獲，余新樂，雷良啓，《古漢語研究》1999 年 1 月。

152. 《史記·殷本紀》釋《尚書·高宗肜日》考論，易寧，《北京師範大學學報》1999 年 4 月。

153. 今文《尚書》被動句研究，錢宗武，《揚州大學學報》1998 年 4 月。

154. 《尚書》——我國早期公文寫作的總結，周森甲，《湘潭大學學報》1998 年 4 月。

155. 《尚書》敬語論，劉超班，《武漢教育學院學報》1998 年 2 月。

156. 《尚書》中的周公，郝明朝，《聊城師範學院學報》1998 年 3 月。

157. 《尚書》名稱及其意義辨析，王健，《南京曉莊學院學報》1998 年 2 月。

158. 論《尚書》散文的藝術風格特點，王文清，《山東社會科學》1998 年 6 月。

159. 《尚書》「五誓」比較談，張大燭，《南平師專學報》1998 年 1 月。

160. 讀《尚書·金縢》淺見，白宏建，《歷史教學問題》1998 年 3 月。

161. 《尚書》所見之周公思想，郝明朝，《管子學刊》1998 年 2 月。

162. 試論今文《尚書》的歎詞，沈丹蕾，《廣西師範大學學報》1998/S2。

163. 《尚書》《論語》札記十則，李運富，《古籍整理研究學刊》1998/Z1。

164. 《尚書》訓釋三題，劉運興，《重慶師院學報》1998 年 1 月。

165. 試論《尚書》的編纂資料來源，葛志毅，《北方論叢》1998 年 1 月。

166. 《尚書》與《逸周書》的月相，李學勤，《中國文化研究》1998 年 2 月。

167. 《史記·魯周公世家》引《尚書·金縢》經說考論——兼論司馬遷「厥協六經異傳，整齊百家雜語」，易寧，《中國史研究》1998 年 3 月。

168. 試據《尚書》體例論其編纂成書問題，葛志毅，《學習與探索》1998 年 2 月。

169. 政治意識籠罩下的原始五行觀——對《洪範》五行概念的性質及其思想史意義的再認識，胡新生，《山東大學學報》1998 年 2 月。

170. 論《尚書》的文學價值，郝明朝，《齊魯學刊》1998 年 4 月。

171. 釋《武成》與金文月相——兼論《晉侯‧編鍾》及武王伐紂年，黃彰健，《歷史研究》1998 年 2 月。

172. 《周誥》諸篇次序考訂，楊朝明，《孔子研究》1998 年 2 月。

173. 敦煌殘卷《古文尚書校注》字形摹寫錯誤例，徐在國，《敦煌研究》1998 年 3 月。

174. 重讀《尚書‧皋陶謨》——兼論皋陶的歷史地位，劉和惠，《安徽史學》1998 年 2 月。

175. 《僞古文尚書》與宋明理學，李耀仙，《中華文化論壇》1997 年 3 月。

176. 《尚書‧立政》「三毫阪尹」解，李民，《殷都學刊》1997 年 4 月。

177. 論《盤庚》在中國散文史上的地位，郝明朝，《聊城師範學院學報》1997 年 2 月。

178. 從《尚書》看中國的神權政治，吳銳，《管子學刊》1997 年 3 月。

179. 「周誥」所見周公之天命觀，郝明朝，《東嶽論叢》1997 年 5 月。

180. 孔壁古文與中秘古文，陳開先，《中山大學學報》1997 年 5 月。

181. 論梅本古文《尚書》的淵源，王蒨，《文獻》1997 年 2 月。

182. 釋「尚書」——尚書：尊而重之的天書，吳銳，《齊魯學刊》1997 年 5 月。

183. 朱熹尚書學析論，蔡方鹿，《孔子研究》1997 年 4 月。

184. 《尚書》比喻的文化內涵，劉本臣，《修辭學習》1996 年 4 月。

185. 上古中國文明與國家產生的時間和地點——以《尚書》爲據的考察，嚴斯信，《昭通師範高等專科學校學報》1996 年 2 月。

186. 論《尚書‧盤庚》之「生生」——兼論盤庚徙都及其本人的歷史地位，劉運興，《殷都學刊》1996 年 3 月。

187. 《高宗肜日》篇的陳諫藝術，吳豔麗，《殷都學刊》1996 年 2 月。

188. 《尚書》及其神權政治，孫樹方，《泰安師專學報》1996 年 1 月。

189. 《尚書》中的思維法則觀念，張曉芒，《江西師範大學學報》1996 年 3 月。

190. 《尚書》政治思想政治探微，王蒨《北京第二外國語學院學報》1996 年 3 月。

191. 《說文》引《書》的詞義分析，錢宗武，《懷化師專學報》1996 年 4 月。

192. 《尚書‧牧誓》篇新考，楊華，《貴州社會科學》1996 年 5 月。

193. 散文萌發階段的名篇——《尚書‧無逸》簡談，顏建華，《貴州師範大學學報》1996 年 4 月。

194. 《敦煌殘卷古文尚書校注》校記，徐在國，《古籍整理研究學刊》1996年6月。

195. 《尚書》創建哪些重要史觀，夏祖恩，《福建師大福清分校學報》1996年3月。

196. 先秦引《書》異同例，錢宗武，《長沙電力學院學報》1996年1月。

197. 《書》在周代的傳播及形態，饒龍，《西南師範大學學報》1998年4月。

198. 《尚書·呂刑》的「五過」新解，周學軍，《現代法學》1996年1月。

199. 論《尚書·周書》的「殷鑒」思想，郭旭東，《史學月刊》1996年5月。

200. 《尚書·高宗肜日》主旨發覆——兼論商族雉鳳圖騰崇拜，王暉，《陝西師範大學學報》1996年1月。

201. 《尚書·盤庚》新解，金景芳，《社會科學戰線》1996年3月。

202. 《湯誓》新解，金景芳，《史學集刊》1996年1月。

203. 《尚書》，先秦德政通鑒，方蘭，《理論導刊》1996年9月。

204. 論今文《尚書》復合詞的特點和成因，錢宗武，《湖南師範大學學報》1996年5月。

205. 《書》「女（汝）、爾、乃、而」研究，錢宗武，《湖南師範大學學報》1996年6月。

206. 老子與《尚書》，孫以楷，《復旦大學學報》1996年6月。

207. 論閻若璩「虞廷十六字」辨偽的客觀意義——與余英時先生商榷，趙剛，《中國哲學史》1995年6月。

208. 《尚書·牧誓》所載盧、彭地望考，曹定雲，《中原文物》1995年1月。

209. 論《尚書》的修辭學價值，劉本臣，《錦州師範學院學報》1995年4月。

210. 《尚書》中近一半篇目怎樣被證明是偽造的，陳增傑，《溫州師範學院學報》1995年5月。

211. 論《尚書》中的「五行」說，王葆，《聊城師範學院學報》1995年2月。

212. 《尚書·金縢》的製作時代及其史料價值，李民，《中國史研究》1995年3月。

213. 論《尚書》與孔子的關係，王葆，《北京第二外國語學院學報》1995年5月。

214. 《尚書》與《老子》的比較，尹振環，《貴州社會科學》1995年6月。

215. 《尚書》「中德」法思想論，陳榮文，《貴州大學學報》1995年4月。

216. 《尚書》中的「克」與「能」，劉利，《古籍整理研究學刊》1995/Z1。

217. 《尚書》史學價值再認識，王記錄，《四川師範學院學報》1995年1月。

218. 《尚書》成語簡析，錢宗武，《達縣師範高等專科學校學報》1995年4

月。

219. 論今文《尚書》的語法特點及語料價值，錢宗武，《湖南師範大學學報》1995 年 4 月。

220. 《尚書》「有＋S」式專論，錢宗武，《湖南師範大學學報》1995 年 3 月。

221. 《尚書》虛詞通假兼論通假成因，錢宗武，《古漢語研究》1995/S1。

222. 《尚書》重言詞芻論，周正穎，《古漢語研究》1995 年 4 月。

223. 《尚書》通假研究，錢宗武，《古漢語研究》1995 年 4 月。

224. 從郭店楚簡和馬王堆帛書論「晚書」的眞偽，廖名春，《北方論叢》2001 年 1 月。

225. 六朝南學的集體傑構──論東晉晚出尚書古文不可廢，郭仁成，《求索》1994 年 1 月。

226. 《書》「作三事」考辯，常才林，《歷史教學問題》1994 年 2 月。

227. 中國古代軍事思想探源──《周易》「師左次無咎」與《尚書》「六誓」的軍事觀，李際鈞，《軍事歷史研究》1994 年 1 月。

228. 從《尚書》、《詩經》的語言現象看古漢語歎詞的表意功能，萬益，《廣東教育學院學報》19942。

229. 《尚書》、《左傳》、《國語》的心理學思想研究，燕國材，《心理科學》1994 年 4 月。

230. 閻若璩《古文尚書疏證》辨偽方法評析，於語和，《南開大學學報》1994 年 5 月。

231. 伏勝與《尚書》研究，華友根，《江海學刊》1994 年 5 月。

232. 《尚書》自稱代詞及其特點，錢宗武，《古漢語研究》1994 年 4 月。

233. 《詩經》《尚書》中「誕」字的研究，張玉金，《古漢語研究》1994 年 3 月。

234. 《尚書》無「也」字說，錢宗武，《古漢語研究》1994 年 2 月。

235. 《尚書》中的賓語前置句式，王大年，《古漢語研究》1994 年 1 月。

236. 論王國維的《尚書》詞彙研究，姚淦銘，《蘇州科技學院學報》1993 年 2 月。

237. 《尚書》德治思想探賾，張幼良，《昆明師範高等專科學校學報》1993 年 3 月。

238. 《尚書‧顧命》冊儀的討論，關於《曲禮》「六大」和《小盂鼎》「三左三右」的決疑，鄧國光，《中國文化》1993 年 1 月。

239. 顧頡剛先生卓越的《尚書》研究，劉起釪，《文史哲》1993 年 2 月。

240. 試論《尚書》中的領導統御思想，李君靖，《鄭州大學學報》1993 年 5 月。

241. 「我生不有命在天」──兼論《尚書》天命觀，勾承益，《自貢師範高等專科學校學報》1993 年 3 月。

242. 從《尚書》到《左傳》看上古漢語中「然」字的用法，邵炳軍，《社科縱橫》1993 年 1 月。

243. 《史記》引書異文釋例，吳澤順，《古籍整理研究學刊》1993 年 4 月。

244. 《尚書釋文》殘卷和今本的比較，余行達，《古漢語研究》1993 年 4 月。

245. 《尚書‧顧命》所列兵器名考，沈融，《文博》1992 年 1 月。

246. 《尚書》議論技巧略論，傅瑛，《淮北煤炭師範學院學報》1992 年 1 月。

247. 《尚書》政治倫理思想及其發展，許健君，《甘肅社會科學》1992 年 6 月。

248. 《尚書‧禹貢》雍州地理今繹，李文實，《中國歷史地理論叢》1992 年 3 月。

249. 《尚書》民本思想初探，林炳文，《西北第二民族學院學報》1992 年 3 月。

250. 《尚書》「倒語」例析，錢宗武，《古漢語研究》1992 年 4 月。

251. 《尚書》「有眾率怠弗協」解，殷偉仁，《學術研究》1991 年 5 月。

252. 簡論《尚書》中的法治思想，宋紹光，《上海社會科學院學術季刊》1991 年 3 月。

253. 論《周誥》中周公的政治地位問題，楊向奎，《社會科學緝刊》1991 年 1 月。

254. 《尚書》文字歧異成因說，錢宗武，《零陵學院學報》1991 年 4 月。

255. 說《尚書‧召誥、洛誥》，趙光賢，《古籍整理研究學刊》1991 年 4 月。

256. 《洪範》「者」字辨──兼談文言「者」的詞性，錢宗武，《古漢語研究》1991 年 4 月。

257. 論《呂刑》，楊向奎，《管子學刊》1990 年 2 月。

258. 由《尚書》看中國散文始生期的歷史狀貌，劉振東，《齊魯學刊》1990 年 6 月。

259. 《尚書‧文侯之命》述作時代新證，金德建，《史林》1990 年 1 月。

260. 釋「靜言庸違」，賀吉德，《寧夏社會科學》1991 年 2 月。

261. 《尚書‧堯典》與中國史的文明曙光階段，嚴斯《昭通師範高等專科學校學報》1990 年 1 月。

262. 《史記》與《尚書》對譯比較，李文，《江蘇大學學報》1990 年 1 月。

263. 試談《尚書》五「誓」的宣傳鼓動特點，姜樹，《齊齊哈爾大學學報》1990 年 1 月。

264. 由《尚書》看周初統治政策和商周關係，潘宏，《東疆學刊》1990 年 4 月。

265. 《尚書》和甲骨金文中人稱代詞的「格」問題，趙世舉，《古漢語研究》1990 年 1 月。

266. 試論《呂刑》的制定年代，馬小紅，《晉陽學刊》1989 年 6 月。

267. 讀《尚書・盤庚篇》札記，李叔華，《長沙理工大學學報》1989 年 2 月。

268. 談漢代《今文尚書》的篇目，楊天宇，《史學月刊》1989 年 3 月。

269. 對蔡樞衡先生「洪範」釋義之質疑，臧傑斌，《政法論壇》1989 年 3 月。

270. 《尚書》述略，錢宗武，《湖南城市學院學報》1989 年 3 月。

271. 《尚書》書名新釋，遯愛英，《南都學壇》1988 年 2 月。

272. 關於《尚書・堯典》一段樂論的認識，林方直，《內蒙古民族大學學報》1988 年 2 月。

273. 《尚書》「朕」字用法研究，黃岳洲，《浙江大學學報》1988 年 2 月。

274. 《尚書》「於」字用法分析，朱小建，《語文學刊》1988 年 2 月。

275. 《尚書》和《詩經》的史學價值，汪鏗，《史學史研究》1988 年 2 月。

276. 《世俘》篇研究，李學勤，《史學月刊》1988 年 2 月。

277. 《尚書》「時日曷喪，予及汝皆亡」新釋，古月，《甘肅社會科學》1988 年 4 月。

278. 試論《尚書》中歎詞的作用及其影響，廖振祐，《南昌大學學報》1988 年 3 月。

279. 《尚書》判斷句芻議——兼論上古漢語系詞的有無，呂永進，《煙臺師範學院學報》1988 年 4 月。

280. 《尚書》「時日曷喪，予及汝皆亡」新釋，殷偉仁，《人文雜誌》1988 年 2 月。

281. 《呂刑》——我國最古老的一部刑法文獻，閻青義，《社會科學戰線》1987 年 3 月。

282. 《尚書》「越某日」解詁，李中生，《學術研究》1987 年 5 月。

283. 據金文解讀《尚書》二例，唐鈺明，《中山大學學報》1987 年 1 月。

284. 梅賾《尚書》古文眞僞管見，黃肅，《許昌學院學報》1987 年 3 月。

285. 《堯典》三題，單殿元，《揚州大學學報》1987 年 3 月。

286. 《尚書・盤庚》翻譯，唐祈，《西北民族大學學報》1987 年 3 月。

287. 《尚書》疑難句試釋三則，侯廷章，《南都學刊》1987 年 4 月。

288. 《尚書》是我國第一部演說詞集，皇甫濤，《北華大學學報》1987 年 4 月。

289. 《呂刑》法治思想發微——兼論儒家法治思想淵源，游喚民，《湖南師範大學學報》1987 年 4 月。

290. 「壁中書」非出於「武帝末」辨，周文康，《貴州文史叢刊》1987 年 1 月。

291. 釋《牧誓》之「彭」，王建緯，《西華大學學報》1987 年 2 月。

292. 孔子與《尚書》——孔子思想淵源之一，游喚民，《孔子研究》1987 年 2 月。

293. 試論《尚書》語言的文學性，尹砥廷，《吉首大學學報》1987 年 1 月。

294. 論《洪範》篇是我國古代政治文化綱領，童明倫，《重慶師範大學學報》1987 年 4 月。

295. 《尚書》「弗」字用法研究，黃岳洲，《語文研究》1986 年 4 月。

296. 釋「肜」，王芸孫，《學術研究》1986 年 2 月。

297. 談談《尚書》的訓詁，丁縣孫，《歷史教學》1986 年 3 月。

298. 《堯典》歸屬辯證，李祚唐，《貴州文史叢刊》1986 年 4 月。

299. 帛書《五行》與《尚書·洪範》，李學勤，《學術月刊》1986 年 11 月。

300. 簡論周公「敬德」「保民」「永命」的統治思想體系，梁韋弦，《東北師大學報》1986 年 3 月。

301. 《古寫古文尚書影照本》讀後，劉先枚，《江漢考古》1986 年 4 月。

302. 試談《尚書》的語言藝術，常康，《內蒙古師範大學學報》1986 年 2 月。

303. 《尚書》的幾個語法特點，吳仁甫，《山西師大學報》1986 年 4 月。

304. 《多方》《多士》的製作年代及誥令對象，段渝，《四川大學學報》1986 年 1 月。

305. 試談《尚書·盤庚》中的「眾」，轟玉海，《殷都學刊》1986 年 3 月。

306. 讀《尚書·皋陶謨》札記，張兆林，《鞍山師範學院學報》1986 年 2 月。

307. 論司馬遷所見《尚書》中有《分殷之器物》，金德建，《人文雜誌》1986 年 5 月。

308. 釋《尚書》「王朝步自周」之「步」，歐陽洲，《湖北大學學報》1986 年 1 月。

309. 《尚書》宗法思想研究，錢杭，《社會科學戰線》1985 年 4 月。

310. 《帝告（譽）》佚文在今《皋陶謨》中考，金德建，《社會科學戰線》1985 年 1 月。

311. 試述《尚書·湯誓》的成文與在先秦時期的流傳，殷偉仁，《江蘇大學學報》1985 年 3 月。

312. 《尚書·牧誓》一字之義辨，漆武義，《湖南城市學院學報》1985 年 3

月。

313. 《商書·高宗肜日》的寫成時期，劉起釪，《殷都學刊》1985 年 3 月。

314. 關於《洪範》「五行」說，殷紹基，《湘潭大學學報》1985 年 4 月。

315. 《金縢》「予仁若考」解，石聲淮，《湖北師範學院學報》1985 年 2 月。

316. 讀《尚書·堯典》札記，張兆林，《鞍山師範學院學報》1985 年 2 月。

317. 顧頡剛先生與《尚書》研究，劉起釪，《社會科學戰線》1984 年 3 月。

318. 《尚書·堯典》法律思想辨析——試論中國法律的起源，薛其暉，《學術月刊》1984 年 8 月。

319. 《尚書》中數詞的獨特用法，張林林，《上饒師範學院學報》1984 年 4 月。

320. 「君子所，其無逸？」——《無逸》首句探析，李祚唐，《天津師範大學學報》1984 年 4 月。

321. 釋「寅」質疑——試談《尚書·無逸》中的有關句讀，歐陽超，《西北大學學報》1984 年 1 月。

322. 《皋陶謨》二論，金德建，《蘇州大學學報》1984 年 3 月。

323. 《堯典》中的「尚賢」及其他，陳曼平，《山西師大學報》1984 年 4 月。

324. 從《尚書·盤庚》三篇看商代政體，楊升南，《鄭州大學學報》1984 年 4 月。

325. 《尚書》所見殷人入周後之境遇，李民，《人文雜誌》1984 年 5 月。

326. 《禹貢》、「冀州」與夏文化探索，李民，《社會科學戰線》1983 年 3 月。

327. 從《尚書》中看我國上古時期的民族關係，侯哲安，《貴州師範大學學報》1983 年 1 月。

328. 《商書·高宗肜日》疏議——兼論商周武丁時期的「殷道復興」，楊文山，《河北師範大學學報》1983 年 4 月。

329. 屈原的「美政」思想與《尚書》的異同，姚益心，《江漢論壇》1983 年 12 月。

330. 《武成》、《世俘》述評，何幼琦，《江漢論壇》1983 年 2 月。

331. 《書》傳求是札記，王德培，《天津師範大學學報》1983 年 4 月。

332. 「竄三苗於三危」之「三危」考，安應民，《青海社會科學》1983 年 6 月。

333. 談《尚書·堯典》中的「堯舜傳賢」，張克，《鞍山師範學院學報》1983 年 2 月。

334. 由周初諸誥的作者論「周公稱王」的問題，劉起釪，《人文雜誌》1983 年 3 月。

335. 《堯典》九族今古文異說的解釋,金德建,《阜陽師範學院學報》1982 年 2 月。

336. 就《尚書》新解問題與蔡樞衡同志商榷,張紫葛,《學術論壇》1982 年 3 月。

337. 《尚書》與群經版本綜述,劉起釪,《史學史研究》1982 年 2 月。

338. 讀《尚書·無逸》,李民,《殷都學刊》1982 年 4 月。

339. 《無逸》試析──讀《尚書》札記,曹善春,《咸寧學院學報》1982 年 1 月。

340. 試論《尚書》中的周公,戴本博,《湖北師範學院學報》1982 年 2 月。

341. 《尚書·微子》校釋譯論,顧頡剛,《社會科學戰線》1981 年 2 月。

342. 《尚書》的散文藝術及其在文學史上的地位和影響,胡念貽,《社會科學戰線》1981 年 1 月。

343. 《尚書》中有關西南少數民族的資料,張貽,《貴州民族學院學報》1981。

344. 「時日曷喪」辨,代夫,《史學月刊》1981 年 4 月。

345. 「竄三苗於三危」新釋,馬少僑,《中央民族大學學報》1981 年 2 月。

346. 《尚書》的隸古定本、古寫本,劉起釪,《史學史研究》1980 年 3 月。

347. 《尚書》「惟」字例釋,尹砥廷,《吉首大學學報》1980 年 1 月。

348. 關於《尚書》部分詞語的訓釋問題,趙航,《揚州大學學報》1980 年 2 月。

349. 《尚書》裏的「五行」是構成萬物的五種基本元素嗎?──與金景芳先生商榷,詹劍峰,《華中師範大學學報》1980 年 1 月。

350. 《尚書》所見商代之農業,李民,《山西大學學報》1980 年 4 月。

351. 《堯典》為秦官本尚書說,陳夢家,《清華大學學報》1947。

352. 《尚書》大義,韓景蘇,《船山學刊》1937 年 2 月。

353. 《尚書·盤庚》上篇譯釋──並與張西堂先生商榷,金少英,《西北師範大學學報》1959 年 5 月。

354. 《尚書·盤庚》所反映的商代貴族和平民的階級鬥爭,李民,《鄭州大學學報》1978 年 2 月。

355. 《尚書·盤庚》篇的製作時代,李民,《鄭州大學學報》1979 年 1 月。

356. 《尚書》學源流概要,劉起釪,《遼寧大學學報》1979 年 6 月。

357. 西周在哲學上的兩大貢獻──《周易》陰陽說和《洪範》五行說,金景芳,《哲學研究》1979 年 6 月。

358. 論《禹貢》的製作年代,史念海,《陝西師範大學學報》1979 年 3 月。

359. 《尚書·甘誓》所反映的夏初社會──從《甘誓》看夏與有扈的關係,

李民，《中原文物》1979 年 4 月。

360. 《盤庚》後胥慼鮮解，周秉鈞，《湖南師範大學學報》1980 年 1 月。

361. 《尚書·湯誓》校釋譯論，顧頡剛，《鄭州大學學報》1980 年 1 月。

362. 《尚書·堯典》與氏族社會，李民，《鄭州大學學報》1980 年 2 月。

（二）逸周書類

1. 《逸周書》成書於戰國初期，唐元發，《南昌大學學報》2006 年 6 月。

2. 《逸周書·大匡解》所見貨幣史料及相關問題考述，王連龍，《社會科學輯刊》2006 年 6 月。

3. 論教誡言語的形式問題——《逸周書》記言類文章分析，羅家湘，《鄭州大學學報》2006 年 5 月。

4. 《逸周書·大匡解》「閭次均行」考釋，王連龍，《聊城大學學報》2006 年 4 月。

5. 論《逸周書》的「天財觀」，羅家湘，《甘肅社會科學》2006 年 4 月。

6. 《逸周書·寶典》篇與儒家思想，楊朝明，《現代哲學》2005 年 4 月。

7. 《逸周書》敘事模式分析，羅家湘，《雲南民族大學學報》2005 年 4 月。

8. 《逸周書》中的句尾語氣詞「哉」及相關問題，周玉秀，《西北師大學報》2005 年 4 月。

9. 《長短經》所引《逸周書·官人》的校勘價值，周斌、王秋平，《喀什師範學院學報》2005 年 2 月。

10. 汲冢《周書》考，王連龍，《古籍整理研究學刊》2005 年 1 月。

11. 《山海經》與《逸周書·王會篇》比較研究，安京，《中國邊疆史地研究》2004 年 4 月。

12. 《時令》、《時訓》與《時訓解》——《逸周書·時訓解》探微，周玉秀，《蘭州大學學報》2004 年 4 月。

13. 從《文傳》的集成性質再論《逸周書》的編輯，羅家湘，《雲南民族大學學報》2004 年 4 月。

14. 《逸周書·諡法》時代辨析，薛金玲，《西安石油學院學報》2003 年 3 月。

15. 《古文尚書》與《逸周書》源流考——兼與劉起釪先生商榷，劉俊男，《山東師範大學學報》2003 年 2 月。

16. 論《逸周書》中的政治辯證法思想，吳顯慶，《上饒師範學院學報》2002 年 4 月。

17. 《逸周書》叢考，李紹平，《衡陽師範學院學報》2002 年 1 月。

18. 《逸周書》語詞研究，葉正渤，《古籍整理研究學刊》2002 年 5 月。

19. 對《逸周書‧皇門解》的再分析，余瑾，《西北師大學報》2002 年 3 月。

20. 《逸周書》中有關周公諸篇芻議，楊朝明，《儒家文獻與早期儒學研究》2002 年 3 月。

21. 《逸周書》格言研究，羅家湘，《殷都學刊》2001 年 3 月。

22. 《逸周書》與武王克商日程、年代研究，葉正渤，《南京社會科學》2001 年 8 月。

23. 「商饋始於王」的「商」作何解──兼論《逸周書‧豐保》的成篇年代，蔡升奕，《語文研究》2001 年 3 月。

24. 《逸周書》考辯四題，李紹平，《湖南師範大學學報》2001 年 5 月。

25. 讀《逸周書》筆記，張聞玉，《貴州大學學報》2000 年 6 月。

26. 《逸周書‧度邑》「依天室」解，葉正渤，《古籍整理研究學刊》2000 年 4 月。

27. 《克殷解》「太卒之左」句疑文辨析，閻愛民，《中國史研究》2000 年 4 月。

28. 《逸周書》若干校注疏證，蔡升奕，《語文研究》2000 年 4 月。

29. 師詢簋與《祭公》，李學勤，《古文字研究》第 22 輯中華書局 2000。

30. 《周訓：儒家人性學說的重要來源──從《逸周書‧度訓》等篇到郭店楚簡〈性自命出〉》，楊朝明，《關於 21 史記的儒家文化國際會議報告論文集》2000 年 6 月。

31. 《逸周書》中的周公旦，谷中信一，「周秦漢唐文明國際學術研討會」論文，1999 年 8 月。

32. 由《武成》、《世俘》與利簋看武王伐紂之年，黃懷信，《西北大學學報》1999 年 8 月。

33. 論《逸周書》，楊寬，《西周史》附錄，上海人民出版社 1999。

34. 諡法探源，彭裕商，《中國史研究》1999 年 1 月。

35. 《逸周書‧諡法解》舊校舊注札記，蔡升奕，《吉安師專學報》1999 年 2 月。

36. 讀《逸周書‧諡法解》舊校舊注續記，蔡升奕，《古籍研究》1999 年 1 月。

37. 讀《逸周書》筆記（續二），張聞玉，《貴州金築大學學報》1998 年 4 月。

38. 《世俘》篇譯注，聞章，《貴州金築大學學報》1996 年 3 月。

39. 《商誓》篇研究，李學勤，《古文獻論叢》1996。

40. 《尚書‧周書》和《逸周書》事實相同體裁相同幾篇的比較研究，谷霽光，《谷霽光史學文集》第 4 卷 1996。

41. 帛書《周易‧泰蓄》與《逸周書‧大聚》，連劭名，《周易研究》1996年2月。

42. 金文研究與經典訓讀——以《尚書‧君奭》與《逸周書‧祭公》篇兩則爲例，蔡哲茂，《第六屆中國文字學全國學術研討會論文集》1995。

43. 《逸周書》中的一篇戰國古賦，劉光民，《文史知識》1995年12月。

44. 《商誓》篇研究，李學勤，載《選堂文史論苑》上海古籍出版社1994年。

45. 《逸周書‧作雒》篇辨僞，趙光賢，《文獻》1994年2月。

46. 《嘗麥》篇研究，李學勤，《西周史論文集》1993。

47. 《逸周書》的文學價值，熊憲光，《遼寧大學學報》1993年1月。

48. 《稱》篇與《周祝》，李學勤，《道家文化研究》第3輯。

49. 《世俘》、《武成》月相辯正——兼說生霸、死霸及西周月相紀日法，黃懷信，《西北大學學報》1992年3月。

50. 《逸周書》各家舊校勘誤舉例，黃懷信，《西北大學學報》1991年3月。

51. 《逸周書》與先秦文學，譚家健，《文史哲》1991年3月。

52. 《逸周書》時代略考，黃懷信，《西北大學學報》1990年1月。

53. 《逸周書》與《管子》的思想比較，谷中信一，《管子學刊》1989年2月。

54. 《逸周書》淺探，祝中熹，《青海師範大學學報》1989年2月。

55. 祭公謀父及其德論，李學勤，《齊魯學刊》1988年3月。

56. 《世俘》篇研究，李學勤，《史學月刊》1988年2月。

57. 周初金文與武王定都洛邑——兼論武王伐紂的往返日程問題，蔡運章，《中原文物》1987年3月。

58. 釋「干戈戚揚」，劉運興，《學術研究》1986年1月。

59. 《逸周書》之名始於《說文》，馬承玉，《江漢論壇》1985年5月。

60. 《逸周書》作者是重視商業的思想家，閻應福，《山西財經大學學報》1985年4月。

61. 關於《逸周書》的一樁懸案，劉重來，《西南師範大學學報》1983年1月。

62. 《武成》、《世俘》述評，何幼琦，《江漢論壇》1983年2月。

63. 《逸周書》中的三篇小說，胡念貽，《文學遺產》1981年2月。

64. 《逸周書》孔晁注芻議，劉重來，《中國歷史文獻研究》1981年2月。

65. 《逸周書》成書考，李周龍，臺灣《孔孟月刊》1980.19～9。

66. 論《周書‧時訓》篇與《禮記‧月令》之關係，黃沛榮，臺灣《孔孟月刊》1978.17～3。

67. 《逸周書》研究，朱廷獻，臺灣《學術論文集刊》1976 年 3 月。

68. 《周書周月》篇著成的時代及有關三正問題的研究，黃沛榮，《臺大文史叢刊》1972.37。

69. 孔孟與《逸周書》，朱廷獻，臺灣《孔孟月刊》1975.14～4。

70. 《逸周書「冬凍其葆」義》，陳槃，臺灣《大陸雜誌》1968.37.11～12。

71. 《逸周書‧世俘》篇校注，顧頡剛，《文史》1963 年 2 月。